明治維新を読みなおす

同時代の視点から

青山忠正

清文堂

明治維新を読みなおす

―同時代の視点から―

目次

装幀／柴田精一

序章　近世から近代へ―何がどう変わるのか―

はじめに―四字熟語の世界から脱出しよう―

これから本書を読もうとする皆さんは、高校で日本史の授業を受けたことがあると思います。もう十年以上も前になりますが、私は大学で一人の学生から、高校で習った明治維新の授業は、結局、四字熟語の暗記でしかなかった、と聞かされて、なるほどと感心したことがあります。たしかに、私自身の経験でも、大政奉還は慶応三年、版籍奉還が明治二年、廃藩置県が明治四年、地租改正は明治六年、といった風に、「四字熟語」で表わされた事件を、起きた年号と一緒に記憶した経験があります。ついでに言えば、年号の語呂合わせも受験生にとっては必須の技術で、いま挙げたなかでは、「廃藩置県」の、藩とはイワナイ（一八七一）県と言う、が一番だと思っています。

しかし、このような事態は、日本史を学ぶという立場から見れば、あまり喜べるものではありません。そこで何が起き、何がどう変わったのかを理解できないままのまったくの丸暗記に終わりかねないからです。ただの丸暗記は、試験が終われば、すぐ記憶から消えうせてしまうでしょう。これでは、勉強としてもあまり意味がありません。

それは十九世紀を対象とする日本史学を専門に研究しているはずの、私のような大学教員側にも責任のある事態で、要は、近世（江戸時代）から近代（明治時代）への変化が、本質的にどのような内容を持つ変化だったのか、それはどのような人々によって、どう担われたのかは、未だに明確な結論が出ていない課題なのです。そのため、教科書にも分かりやすい形で書き表すことが出来ず、四字熟語の羅列で、お茶を濁しているのが実情です。これを逆に言えば、教科書に分かりやすく書き表すことができるようにするために、それらの内容を深く考察することが、大学での歴史学の目的であり、内容であるということもできます。以下の小論では、それらすべての課題について述べることは、スペースの関係から見ても不可能ですが、そのほんの入り口に当たる小さな問題について、少し具体的に例を挙げながら、考えてみることにしましょう。

一　名前が変わる―家と個人―

高杉晋作（一八三八～六七）という人物がいました。一般には、長州藩士で奇兵隊を創設した人として知られています。その伝記や人名事典類などを見ていると、出自について、天保九年、長州藩士高杉小忠太の嫡子に生まれ―、と書き出されることが多いのですが、これは誤り。少なくとも不正確です。なぜなら、晋作が生まれたとき、高杉家（長門の国萩に本拠を持つ大名毛利家の家臣で大組という家格にあり、禄高二百石）の当主は、晋作にとって祖父にあたる又兵衛です。その嫡子だった小忠太が高杉の家督を継ぐのは、又兵衛が隠居した安政二年、晋作が元服した（嘉永六年）のち、その嫡子（跡継ぎ）になるのも、安政二年です。晋作が生まれた途端、高杉家の嫡子になるわけはありません。

これらの混乱の原因はどこにあるか。ただの事実の調べ不足ではなさそうで、つまりは、近世の武家の家制度のもとでの個人と、近代の個人のあり方との違いを理解せずに、漠然と同列に並べて考えているためでしょう。補足すれば、生物学的に一対の男女から生れた子供が、ある家の嫡子になり、実際にその家督を継ぐかどうかは、制度上の問題であり、生れた時点で自動的に決定することではないのです。だから、高杉晋作は小忠太の嫡子に生まれ—といった言い方は、そもそも論理的に成り立たないことです。実際に晋作は、生涯において実家の高杉家を継いだことは一度もありません。

晋作は、文久三年九月、新たに分家を立てることを認められ、知行百六十石をあてがわれますが（新高杉家の当主）、翌年三月には、主君の許可を得ずに京都へ脱走した罪により、知行召し上げの処分を受け、「浪人」になります。毛利家中での身分的な立場は、実父高杉小忠太の育（「はぐくみ」と読み、現代の被扶養家族に相当）です。彼にとって、その立場は長く続き、病死寸前の慶応三年三月、「谷潜蔵」という名前で（改名は実は慶応元年から）、新たに谷家を創設され、大組百石取りの家臣に列せられます。四月十四日に亡くなった後、吉田（現在の下関市内）に建てられた墓碑の銘は、したがって、谷潜蔵です。ただし、表には号の「東行《とうぎょう》墓」としか刻まれていません。なお、谷家は、実子ながら、まだ五歳の梅之進が嫡子となることを認められたうえで相続します。

以上のような経過は、たいへんややこしいもので、右の文章を一回読んだだけでは、何が何だか分からないかもしれません。しかし、これが実態というもので、人間が家と関わらない一人の個人として特定されるようになるのは、制度上は明治五年の戸籍法施行以降、意識としては、ようやく現代において、一般化しつつある段階のようです。近世までは、人間が家制度と関係ない個人として存在することはできない時代でした。高杉晋作は小忠太の嫡子に生まれ―といった言い方が不正確というのは、以上のような意味を踏まえてのことです。個人を家と関わらない一人の人間として特定する、という意味での固有人名としての「氏名」の成立は、近代以降に特有のもので、つまり名前の持つ意味が変わるのです。なお、右に述べた家制度は、現代の「家族」とは意味の違うものです。念のため、断っておきます。

二　大名が知藩事に変わる―版籍奉還の実態―

いま私は、「長州藩士高杉小忠太」などと書いてきましたが、これはそのような文章が多い、という例としてあげたもので、実はこれも不正確、あからさまに言えば誤りです。もともと「藩」という言葉は、近世初期どころか、中国の古典にも見える言葉で、皇帝の周りを固めて守るブロックといった意味です。日本近世では、新井白石の『藩翰譜』に代表されるように、十七世紀末頃から、学者の著述などで、よく用いられるようになります。『藩翰譜』とは、徳川将軍の周りを固めて守るべき大名家の由緒を書き記した書物という意味です。いずれにせよ、その言葉は、理念的（考え方を表わす）なもので、制度として、藩というものが存在したわけではありません。

ところが、嘉永・安政年間（十九世紀半ば）になると、大名とその家臣のなかには、みずからの領地領民をひっくるめて、「藩」と自称する例が多く現れるようになります。この場合の「藩」は、それまでの用例とは違って、天子（いわゆる朝廷）の周りを固めるもの、という意味です。つまり、大名にとって将軍との間の主従制的な関係が弱まり、むしろみずからを天子と直結した存在と自覚する考え方が強くなったことの現れです。さらには、日本全国の土地・人民は本来、天子のものだったとする「王土王民論」も、これと平行して、思想的に盛んになります。これらの思想が広まる理由を説明するのは簡単ではありませんが、最も深い基盤に当たるのは、土地（耕地）所有の実態が、権利保有の面で、大名の領主権から生産者農民の所有権に移りつつあったことです。ごく大雑把に言えば、大名が領主として領地を支配し、百姓から年貢を取り立てる、という近世初期に成立したあり方が実態にそぐわなくなり、それに代わる体制の成立が、状況的には進展していた、と見るべきでしょう。「王土王民論」は、その状況が思想的な言説の形で表面化したものです。

その体制の成立経過を政治局面の変化として詳しく叙述することも、ここでは割愛するしかありませんが、慶応四年閏四月、成立したばかりの新政府は、「政体書」という指令を公布して、府藩県の三治一致制を唱えました。府（京都・大阪・東京）及び県（神奈川・長崎・兵庫など）は、徳川家旧領から接収した政府直轄地。藩は大名が旧慣にしたがって支配する領地です。王政復古によって取り潰された大名は、ごくわずかな例外を除き、ありませんでしたから、約二百七十の大名家は、以前と変わらず存在していました。府藩県三治一致制とは、政府直轄地も、大名の支配する土地も、単一の政府のもと統一的な基準に基づいて統治される制度にする、という意味です。

この三治一致制は、しかし、制度として不完全です。大名は、相変わらず領主権を認められているのですから、その内部で行なわれている政治の仕法はまちまちで、具体的に言えば、年貢の取り方も、犯罪者の処罰の仕方も、細かく見れば各藩で異なります。これでは統一政府ができたといっても形式だけになりかねませんから、大名の持つ領主権を接収し、藩を真の意味での地方制度として位置付け直さなくてはなりません。

細かい経過は省略しますが、明治二年六月、政府は天皇の名において、全大名を改めて地方官として知藩事に任命し、その旧領を管轄地として預け、公式の藩名を定めました。たとえば通称薩摩藩は「鹿児島藩」、長州藩は「山口藩」、土佐藩は「高知藩」のように、です。さらに、知藩事が旧家臣団を引き続いて抱えることを認めず、旧家臣はすべて「士族」として、その藩に所属するものとしました。高杉晋作はすでに病死していますが、父の小忠太は健在で、山口藩所属の士族になります。その略称が「山口藩士」です。大名と家臣団の間にあった主従制の関係も、これらの措置によって解消します。こう見てくると、「長州藩士高杉小忠太」が不正確、ということの意味も分かってもらえるでしょう。そのように書くのは、叙述のうえの便宜として、明治期以降に習慣化されたものです。版籍奉還の実態は、おおむね以上のようで、象徴的に言えば、大名が知藩事に変わるのです。

三　暦が変わる―龍馬は満三十二歳で死んだのか―

高杉晋作を例に挙げたついで、と言うわけでもありませんが、坂本龍馬をダシにして、暦が変わるという話をしましょう。龍馬が生まれたのは天保六年十一月。これには異説がないのですが、生れた日は分かりません。史料がないのです。ところが、最近、十一月十五日生まれとする説が流行しています。死んだ日と同じだ、というわけです。小説ならばそれでも良いのですが、専門研究者の書く伝記類でも、そう書かれる場合があって、これは考え物です。暗殺されたのは慶応三年十一月十五日、ちょうど満三十二歳の誕生日であった、という語り口です。この類の記述は、以下に述べるような意味で明白な誤りです。

といっても、誕生日が史料的に不明、死亡したのは斬られた翌日では―といった通俗的な関心からではなく、ここで暦の問題が関わってくるのです。現代の私たちが用いているのは、太陽暦(俗に言う西暦または新暦)ですが、これが日本において採用されたのは、明治六年一月一日からで、この日は和暦で明治五年十二月三日にあたるのを、以下省略で、一八七三年一月一日に合わせたのです。それ以前、たとえば慶応三年は一八六七年と、一般には表記されますが、これは大体相当するという意味で習慣化されたもの。和暦の年末と西暦の年初は完全には対応しません。具体的には慶応三年十二月七日は、西暦で一八六八年一月一日になってしまいます。十二月九日に王政復古の大号令が出された

図１　坂本龍馬・中岡慎太郎の墓
（京都市東山区霊山護国神社、著者撮影）

ときは、一八六七年ではないのです。龍馬が死んだのは、その十一月十五日ですから、西暦に直せば、一八六七年十二月十日になります。

そこで誕生日にさかのぼると、天保六年十一月十五日は西暦一八三六年一月三日です。その日に生れて、一八六七年十二月十日に死んだとすれば、満三十二歳に二十四日不足する計算になります。誕生日十一月十五日説を唱え出したのは、どなたか、私は全く知りませんが、おそらくこういう知識がなく、多分に興味本位で、暗殺された日と同じ、と言い出したのではないでしょうか。それに専門家までが振り回されるのは、いささか情けないことですが、ひょっとすると気づかないうちに、私自身も同じ質の間違いを仕出かしていないとも限りません。この文章で前節まで、たとえば文久三年にカッコ書きで（一八六二）と入れていないのは、これを言いたくてわざと保留しておいたものです。

時を支配するのは、近代以前では「皇帝」あるいは「王」といった最高統治権者です。東アジアならば、中華皇帝が定めた暦を授けられることは、「正朔《せいさく》を奉ず」といって、その臣従下に入ることを象徴する意味を持ちました。その意味で、西暦の採用は、文化の認識基準をヨーロッパタイプに転換する際の、ひとつのカギにあたる大事件なのですが、一般には文明開化の一端という程度で、軽く見過ごされているようです。明治九年（一八七六）、熊本で起きた、敬神党の挙兵（いわゆる神風連の乱）で死んだ人々の墓石には、死亡年月日が和暦（旧暦）で刻まれています。キリスト教の暦で死んでたまるか、という彼らの叫びを理解できるかどうか。それは、近代以前という、何かが変わる以前の異文化世界を理解できるかどうかのひとつの試金石にあたるでしょう。

参考文献
青山忠正『明治維新の言語と史料』清文堂出版　二〇〇六年。
同　『高杉晋作と奇兵隊』吉川弘文館　二〇〇七年。
内田正男『暦と日本人』雄山閣出版　一九七五年。
野島寿三郎編『日本暦西暦月日対照表』日外アソシエーツ　一九八七年。
松浦　玲『幕末・京大阪　歴史の旅』朝日選書　一九九九年。

I　政争のなかの戦い

第一章　通商条約の勅許と天皇

【抄録】
いわゆる破約攘夷論は、文久二年（一八六二）から三年にかけて最盛期を迎えた。しかし、その主唱者、長州毛利家の言動を見ても、それは一般に理解されているような、一方的な外国艦打ち払い論ではない。むしろ、現行の条約をいったん破棄してでも、日本側が主体的な性格を持つ条約に改めようとする意図を持っていた。孝明天皇においても、その点は同様である。その天皇は、慶応元年（一八六五）十月、条約を勅許するに至った。そこに至る経過を、下関戦争の国際的な背景などを踏まえ、言葉の意味を再吟味しながら考察する。

キーワード　破約攘夷　通商条約　横浜鎖港　下関（馬関）戦争　孝明天皇

はじめに

慶応元年（一八六五）十月、天子統仁《おさひと》（慶応二年末死去、翌年正月、諡号《しごう》「孝明天皇」）は、安政期に徳川

将軍と欧米諸国との間に調印された通商条約（安政五ヵ国条約）に勅許を与えた。いうまでもなく、調印以前から、その有無が政治課題となっていたものである。その懸案の課題は、勅許により解消し、日本は主権国家として、欧米諸国が主導する世界システムに参入することが最終的に確定した。

その過程においては、文久三年（一八六三）五月を期限とする、いわゆる攘夷発令や、翌年八月の下関戦争（四ヵ国連合艦隊による下関攻撃）をはじめとする、大きな対外的な事件が発生した。さらには、条約勅許そのものに際しても、在京諸藩の京都留守居を御所に召集して彼らの意見を聴取するという画期的な行事が行われた。

本稿では、それらの事件と、その意味とを踏まえながら、条約調印（安政五年・一八五八）以来、勅許に至るまでの経過を、特徴的な部分に絞りながら、とくにそこで現れる言葉に注意しつつ、改めて整理してみよう。なぜなら、これまでの当該期を対象とした政治史の研究で、その経過は、概説的な叙述の中に埋もれ、たとえば下関戦争の意味にしても、長州は、その敗戦によって攘夷の不可能を悟って、開国論に一転した、といった類の、昭和戦前期までに創作された話題のうちに見過ごされてしまっていると思われるからである。

一　近代の言葉で考えてはいけない

いま述べたような課題を考える際に重要なことの一つは、十九世紀半ばの事象をとらえるのに、近代の言葉で考えてはいけない、ということである。たとえば、概説書などでよく見かける言葉に「攘夷」と「開国」という言葉がある。両者は対義語の関係を持って語られるが、そもそも「攘夷」とは、通常一般に、そういわれるように、夷狄《いてき》(外国)を打ち攘《はら》(払)うことだろうか。その典型とされる、文久二〜三年当時の、長州毛利家における当事者の語る言葉は次のようである。

文久二年(一八六二)七月、周布《すふ》政之助は、次のような詩文(原漢文)を作り、知友に示した。[1]

国力を振るい、皇基を立てんと欲す／大廈《たいか》のまさに傾かんとするを独木支う
世を挙げ、滔々《とうとう》として名利に走る／至誠ただ鬼神の知るあらん
攘は排なり、排は開なり、攘夷して後、国開くべし

「排」は内側から押し開ける意味である。つまり、外国に対する扉は、外から引き開けられてはいけない。むしろ内側から押し開けるべきだと、周布は言っているのである。これだけを見ても、彼が単純な打ち払い論を唱えているのではないことが、よくわかる。

同じ頃の九月二十三日、攘夷督促勅使三条実美の江戸下向を控えて、長州の小幡彦七・周布政之助・桂小五郎らは、江戸で政事総裁職松平春嶽(慶永)に面会し、次のように述べた。『続再夢紀事』文久二年九月二十三日条の記事である。[2]

過般、藩主の伺ひ取りし叡慮は申すまでもなく、京師にては縉紳家、その他とも、兎角、攘夷ならすては適《かな》はさるよしなり、されは幕府に於ても速に其議（攘夷）に決せられたし。尤一旦攘夷に決せられし上、更に、我より交りを海外に結ぶべきは勿論なり。

以上の言葉に明らかなように、長州の破約攘夷論者は、外国を打ち払って寄せ付けない、といったことを主張しているのではない。そのいうところは、現行（安政五ヵ国通商）条約は承認できない。国内の合意を得ず、手続き上も不備（無勅許）である。したがって、これを一旦破棄すべきであり、そのうえで、手続きを踏み、国内の合意を調達し、主体性を持って外交に臨むべきである、というものだ。なお、そのなかには、戦いを恐れてはいけない、という武士らしい自己主張が包含されている。

なお、以下では、論述の本筋から少し離れることは承知の上で、当時の事象を、近代の言葉（概念）で考えると、思わぬ勘違いを起こすという事例として、干支《かんし》と改元の関係について触れておきたい。

日本で元号が定められるようになったのは、七世紀半ばとされる。十世紀後半までは不規則だったが、それ以後、辛酉《しんゆう》の年及び甲子《かっし》の年には改元されることが慣例になった。いわゆる「辛酉革命」、「甲子革令」である。前者は異変の起る年とされ、神武天皇即位の年という伝承もある。また後者は十干十二支の組み合わせの最初で、干支による六十年周期の始めとして改元の対象となる。なお、近世に入ると、これに「戊辰《ぼしん》革運」が加わり、俗に「三革」と称される。もっとも、三革が揃うのは、十七世紀末の天和・貞享・元禄、十八世紀半ばの寛保・延享・寛延の二例だけであり、十九世紀初めには、享和（辛酉）、三年置いて文化（甲子）だけで戊辰革運は行われなかった。いずれにせよ、辛酉から戊辰までは、原則として、他の年に改元は行われない。実際に乙丑《いっちゅう》（甲子の翌年）の改元は、元号制度が始まって以来、先例一回だけ（久安元年・一一四五）である。このような干支と改元の組み合わせは、近世人にとって常識であったが、明治も半ばを過ぎて、世代が交替する頃には、忘れ去られていたようである。現代人にとっては、歴史的な知識としても、ほとんど知られていない。

さて十九世紀後半には、辛酉年に文久（一八六一）、甲子年に元治（一八六四）と改元されたが、続いて、乙丑年（一八六五）にも四月七日に「慶応」と改元された。よほど特殊な理由があったわけだが、それにあたるのは東照宮二百五十回忌である。家康が亡くなって、ちょうど満二百四十九年にあたる年で、四月七日から十七日まで、十日間にわたり、日光東照宮で大法会が行われた。それを終えた五月、十四代将軍家茂は、長州再征を掲げて江戸を進発するのである。

その行装は神君家康公が関ヶ原出陣の例に倣ったものだった。したがって、将軍が馬上、鎧兜に身を固め、金扇の大馬印を押し立てるのは、記念パレードとして当然であり、後に続く主力戦闘部隊は、最新式の小銃を装備し、洋式調練を受けた徳川家直轄の歩兵部隊であった。絵巻物などに描かれる記念パレード部分だけに目を奪われ、幕府は、戦国時代さながらの軍装で、銃砲装備の長州兵に挑みかかって惨敗したと、俗説では、いまだに述べられたりする。それは、念を押すまでもなく、そもそも乙丑改元の異例さに気づかず、その改元理由が東照宮二百五十回忌にあり、長州再征が、徳川家にとって関ヶ原の勝利にも匹敵すべき起死回生の策であった、といったことを、当時の言葉（概念）で理解できていないことに胚胎するのである。

二　孝明天皇は「攘夷」論者ではない

天皇と条約との関係という、本来の論題に戻ろう。天皇は、いわゆる安政元年（一八五四）のアメリカ以下、英露蘭との四ヵ国「和親条約」については問題なく承認している。なお、アメリカとの条約を、一般に「日米和親条約」というが、その呼び名は、東京大学史料編纂所編『大日本古文書　幕末外国関係文書之五』（一九一四年）に収録された際、編纂者が史料標題として付したものである。(3)同時代人にとって、日米条約なら、嘉永七年三月神奈川条約、と呼ばなければ通じない。

なぜ、このような点に注意する必要があるかといえば、同時代人にとって、三月神奈川条約と、同年五月に下田でペリーとの間に調印された追加条約、さらに安政四年（一八五七）七月に、米総領事ハリスと下田奉行との間に調印された、いわゆる下田条約は、それぞれ厳密に区別され、別々の物として理解されており、「和親条約」が後年の名づけであることに気づいていないと、経過の理解において混乱を招く恐れがあるからである。

ともあれ、嘉永七年三月、アメリカとの間に結ばれた条約をはじめとする四ヵ国との条約は、いわゆる「開国条約」とはいえない。その内容は、夷国船に対し、下田・箱（函）館への寄港と薪水食糧の供給を准《ゆる》（許可）したものであり、中華である皇国から夷狄への恩恵と、とくに天皇などからは認識され、同時に旧来の「良法」は維持されているとみなされていたからである。これは南京条約（アヘン戦争講和条約・一八四二）において、清朝が認識したそれと、同じ論理であり、すなわち、「華夷」の秩序は保たれている。

そもそも、夷狄を近づけること自体が一様に不可であり、祖法に反するなら、近世を通じたオランダの出島居留も理解不能になるだろう。オランダは、徳川家長崎奉行の厳重な管理下で交易に従事し、将軍への定期的な挨拶をも行っていた。このような夷狄ならば、その対象が増えたところで、皇国の権威を高めることはあっても、「国体」を損なうことはない。嘉永七年三月神奈川条約は、夷狄の寄港などを許可しこそすれ、その居留を認めてもいないのであり、日本側から見た扱いのレベルはオランダ以下である。

しかし、安政四年（一八五七）に至って具体化してきた「通商条約」には、天皇も公家の大多数も、これを認めようとしなかった。すなわち、通商条約がめざす対等の自由貿易は、華夷の弁を乱し、「国体」を損なうものであった。天皇にしてみれば、自分の代で、そのような事態になっては「皇祖皇宗」に申し訳が立たない。つまり、ここでの要点は、華夷の秩序を保てるかどうか、である。その意味で、孝明天皇は、頑固な華夷秩序論者ではあった。彼がそれまでに蓄積してきた東アジアの知的な教養を踏まえて見れば、西洋国際標準（ヨーロッパ的なグローバル・スタンダード）を、容易に受容するわけはないのである。

通商条約調印の直接の責任者、大老井伊直弼も、その点は同じである。井伊の場合も、学問的な背景は、部屋住み時代から積み上げてきた国学である。井伊は、条約調印後に、老中間部詮勝《まなべあきかつ》を上京させ、調印のやむを得ない事情を釈明させた。井伊・間部の言い分は、いま調印に応じなければ諸外国と戦争になるが、勝算は立たないこと、したがって条約調印はあくまでも「一時の権道」(仮の一時凌ぎ)に過ぎないこと、そして武備が整った暁には「鎖国」に戻すと釈明したのである。これは、決してその場限りの逃げ口上ではなく、将軍家定(七月初め死去)、大老・老中らの本心である。

ただし、外国奉行(同年七月新設)の水野忠徳《ただのり》、岩瀬忠震《ただなり》らは、現場の外交官として、欧米諸国と外交・貿易を積極的に推進しようとしていた。したがって、大老井伊らのめざす方向は、それとは正反対で、徳川将軍家としては、内部に重大なねじれ構造を抱え込んだものであった。

いずれにせよ、老中間部の釈明に応じて、天皇も条約を了解した。すなわち安政五年(一八五九)十二月晦日、「叡慮氷解の勅諚」が降された。いずれは「鎖国の良法」に戻すことを前提に、その実行を「方今のところ御猶予」するというものである(4)。

三　いわゆる攘夷実行

先に「鎖国」への復帰を天皇に約束した大老井伊直弼は、安政七年(一八六〇)三月、桜田門外で暗殺された。その跡を受けた、久世広周《くぜひろちか》・安藤信正の連立政権は、和宮降嫁の条件として、遅くとも十年以内に、「蛮夷」を遠ざけることを天皇に約束していた。

その後、文久二年(一八六二)七月、天皇側の要請を受けて、松平春嶽が政事総裁職に、一橋慶喜が将軍後見職に、それぞれ就任するなどの改革が行われたのち、十一月には勅使として議奏三条実美が江戸に下り、将軍家茂に、攘夷督促の勅書を授けるに至った。

十二月五日、家茂は「勅書謹而拝見(中略)策略等之儀者御委任被成下候条、尽衆議、上京之上、委細可奉申上候」と回答書を呈し、来春早々の上京を確約したのである。ついで、翌年三月、家茂は初の上洛を行なった。同七日、参内した家茂に、「征夷将軍儀、是迄通御委任被遊候上は弥以叡慮遵奉、君臣之名分相正、闔国一致、奏攘夷之成功、人心帰服之処置、可有之候」との勅書が降された[5]。

ここでは、委任されたのは、あくまでも攘夷実行の「策略」(戦略)であり、漠然とした政務や政権などではないことを確認しておきたい。実際に、将軍が意図しているのは、外国側との交渉を通じた条約の破棄であり、そのことは、この後の経過によって明らかになる。

以上の経過を経て、四月二十一日、「外夷拒絶」を命ずる令達が、天皇から、次いで、将軍から、これに伴う外国艦への対応に関する布令が、諸大名に対して発せられた。次のような内容である[6]。

①天皇から諸藩へ発令、「外夷拒絶之期限、来五月十日(と)御決定相成候間、益々軍政相整、醜夷掃攘可有之被仰出候事」。

②将軍から諸大名へ発令、「攘夷之儀、五月十日拒絶に可及段、御達相成候間、銘々右之心得を以自国海岸防禦筋、愈々以厳重相備、襲来候節は掃攘致候様、可被致候」。

ここに見えるように、天皇にせよ、将軍にせよ、一方的な打ち払いなど、命じていないことを確認すべきである。とくに天皇が、個人的にも、打ち払いを意図していないことは、次節の論述の中でも確認する。

また、将軍令は、具体的には五月十日から横浜で外国公使団と、条約破棄の交渉に入る、という意味である。この交渉申し入れに、外国公使側は当然、応じなかった。公使に条約締結あるいは破棄の全権は委任されていないから、もし条約破棄を交渉するなら、本国政府と掛け合ってくれ、というのである。

現実問題として、五月十日に、外国艦を砲撃したのは、長州の久坂玄瑞《げんずい》一党だけであった。目標となったのは、アメリカの商船ペンブローグで、たまたまその日に下関海峡を通過しようとし、汐待のため下関対岸付近に停泊したものだった。しかし、馬関総奉行として指揮権を持つ家老毛利能登は、非武装商船に対する砲撃命令を、部下に降さなかった。きわめて常識的な措置である。しかし、玄瑞一党は、洋式帆船に搭乗してペンブローグに近づき、無警告で砲撃を浴びせたが、撃沈には至らず、逃走された。この玄瑞一党の行動は、本来ならば軍令違反であり、処罰対象になって然るべきとさえ思えるが、追認された。玄瑞一党の背後に、それを支持する存在として世子毛利定広や、公家の攘夷強硬論者、中山忠光らがあったためであろう。長州とて、決して一枚岩で固まっていたわけではないのである。

四　外国側の標的は the Sa-ko Party

いまみた「外夷拒絶」の発令は、外国側から見た国際情勢の面でも大事件であったが、国内情勢から見ると、天皇は、長州の行動を危険とみて、政局運営の場から、その勢力排斥を企てる。中心的な対象は、議奏の職にあって、朝議をも左右できる立場にある三条実美であった。その背後には長州を中心に、土佐や、西国浪士団を含む攘夷過激論グループがあった。そのために、三条を排斥しようとすれば、会津・薩摩の武力による支援が必要だったのである。

その支援が得られることを確認したのち、天皇は、宮中政変で、三条らを他人面会禁止、他行《たこう》禁止の処分に付した。いわゆる、八月十八日政変である。また、長州は、堺町門（内裏正面）の警備任務を解かれ、帰国を命ぜられた。久坂玄瑞はじめ長州側は抵抗をあきらめ、三条らを伴って本国へ撤退した。いわゆる「七卿落ち」であるが、久坂らが三条らを連行したという方が正確かもしれない。天皇は激怒し、三条は二十四日付けで議奏を罷免される。

その後、京都では、島津久光・松平春嶽・山内容堂（豊信《とよしげ》）・伊達宗城《むねなり》ら有力諸侯を召集し、長州対策と外交方針の再検討を課題とした審議会合が開催されるが、その一環として、将軍家茂も再度の上洛を行なうことになった。

文久四年（一八六四）正月二十七日には、将軍に宛てた宸翰が発せられるが、このとき家茂は、在京

諸侯四十二人を率いて参内し、かれらにその書面が開示されるという異例の行事が行われた。そこには次のようにあった。(7)

藤原実美等、鄙野の匹夫の暴説を信用し、宇内の形勢を察せす、国家の危殆を思はす、朕か命を矯て軽卒に攘夷の令を布告し、妄に討幕の師を興さんとし、長門宰相の暴臣の如き、その主を愚弄し、故無きに夷舶を砲撃し、幕吏を暗殺し、私に実美等を本国に誘引す。斯くの如き狂暴の輩、必ず罰せすんば有るへからず

ここに見えるように、天皇は三条が軽率に攘夷の令を布告したとし、さらに毛利慶親の家臣を「暴臣」と呼び、理由もないのに「夷船」を砲撃した、と非難した。先に触れておいたように、四月二十日の外夷拒絶の令で、天皇にしても一方的な打ち払いなど命じていない、と指摘したゆえんである。また、「幕吏を暗殺」というのは、その外国艦砲撃を調査するため、江戸から長州に下った徳川家の目付、中根市之丞を、久坂らが殺害したことを指す。天皇は、これらの事実を具体的に列挙した上、このような凶暴な輩を必ず処罰する、と明言したのであった。天皇が、いわゆる攘夷論者ではなかったことも、繰り返すまでもないであろう。

長州の「暴臣」への対処はそれとして、外交方針について、天皇と将軍は、改めて協議し、双方とも合意の上、通商条約の全面破棄から、横浜のみ鎖港の方針に転換した（条約の一部改定）。さすがに、

条約破棄は不可能と考えるようになったのである。

その、横浜鎖港方針も、形だけのものではなかった。実際、文久三年末には、外国奉行池田長発《ながおき》を団長とする使節団が、すでに横浜を出航し、本国政府と交渉のため、フランスへ向かっていた。ただし、この交渉も、フランス政府から相手にされず、池田は元治元年五月(一八六四年六月)、独断で交渉を中断し、帰国の途についた。横浜に帰港するのは七月十八日という(8)。

いっぽう、外国側から見ると、以上のような日本側の外交方針の変転は、ゆるがせにできない大問題であった。かりに実際に横浜が開港場から外されることになると、対日貿易の大半が停止されてしまう結果になる。そのため、一八六四年半ばまでに、中国で太平天国の乱が平定され、それにあてていた軍事力を、日本へ振り向ける余裕が出てくると、イギリスは、日本への軍事力行使を具体的に考えるようになった。その攻撃の対象は、「東洋のスエズ運河」下関海峡を封鎖し、横浜への内海航路を遮断している長州下関である。下関ならば、外国艦への砲撃に対する報復という、大義名分も立つうえ、なにより、徳川将軍家はじめ諸大名も、長州側に加担する心配すらなかった。

そのような情勢のもと、イギリス極東艦隊をはじめとする諸国艦隊が、横浜に集結中の一八六四年八月十八日(元治元年七月十七日)、キューパー司令長官あて駐日英公使オルコックの極秘メモには、次のように記されている(9)。

Any signal defeat suffered by Chosiu, who has put himself forward as the most patriotic and determined of the Sa-ko, or "closing-port" party, and who has in his own person boldly defied both the Tycoon and all the Foreign Powers will of course tend in a greater or lesser degree, to discourage his party. Something more however will be required to paralyse their action, give courage to the moderate Daimios who advocate peace and the maintenance of good relations, and lead to the adoption on the part of the Tycoon and well affected Daimios of a more rational and straight forward policy than has hitherto been followed by either.

（試訳）

長州を敗北させれば、その証は、長州が最も愛国的で頑固な鎖港党として躍進し、持前の性格から、大胆にも、大君と諸列強に挑戦したにせよ、程度の差はあれ、いうまでもなく、その党派を落胆させることになるであろう。しかし、それにしても彼らの行動を麻痺させ、平和と良好な外交関係の維持を叫ぶ穏健派の大名を勇気付け、大君（政府）の一部と、その良き感化を受けた大名―今まで両者が追随してきたものより、もっと理性的でまっとうな政策を掲げる―に処を得させる何かが絶対に必要だ。

The possession of Hiogo and Osaka, to which Treaty Powers are entitled would be a security against machinations plotting of the Sako Party at Kioto. This capital of the Mikado is within three days march of Osaka and Hiogo, where fleets and troops could easily be transported.

図２　下関砲撃中の四ヵ国連合艦隊
（The Illustrated London News 1864年11月19日）

And whoever has command of the inland sea and its vast traffic can paralyse the Government of the country and compel its adherence to Treaties, as the condition of its own safety.

（試訳）

兵庫と大坂の確保は、京都の鎖港党の裏切り的な企みに対抗する安全保障の手段として、条約列強に与えられている権利である。このミカドの都は大坂や兵庫から三日の行程にあるが、大坂や兵庫には艦隊や陸軍部隊を容易に輸送できる。瀬戸内海の制海権を奪い、船舶の航行を保障できれば、この国の政府を麻痺させ、安全なコンディションをもたらす条約に従わせることができるのだ。

以上の史料によれば、イギリスを中心とする外国側の、下関攻撃の目標が、「京都鎖港党」であり、必然的に、天皇に翻意を迫るための威嚇攻撃であったことが明らかである(10)。なお、念を押すまでもないが、もし、長州の攘夷党を指すのならば、英語では、expulsion of foreigners（外国人排斥）といった表現になる。

実際の戦闘は、八月五日から八日まで、英仏蘭米四ヵ国連合艦隊一八隻及び陸戦隊員二千名以上と、奇兵隊を主力とする長州側との間で戦われた。砲戦は、連合艦隊側が当初から圧倒的にまさり、長州側は、砲台を放棄して地上戦に誘導する作戦に出た。このためもあってか、地上戦での死傷者は、双方とも七十名程度で互角であるが、八日以降、長州は講和方針を採り、下関海峡の通航保障などを中心とする講和条約に調印したのである。なお、開戦以前の時点で、久坂玄瑞ら強硬攘夷論グループは、七月十九日禁門の変で、すでに壊滅していて、積極的に開戦しようとする勢力はもはや存在していない。

つまり、下関戦争の敗北によって、長州は攘夷の不可能を悟って開国論に転換したという俗説は、外国側の目標という点から見ても、長州側の内部事情という面から見ても、成り立たない。その俗説の成立事情を詳述する余裕は、ここではないが、要は明治期以降に、先に紹介した元治元年正月二十七日宸翰などの内容を伏せたまま、過去の経過を説明する際の辻褄合わせとして作り出されたものである。

五　外国側も全面開戦はできない―京の仇を長崎で―

一八六四年時点で、イギリスの攻撃目標がもっぱら下関に向けられていたことは確かであるが、局地戦に留まる見通しが立つとはいえ、日本と全面開戦になる可能性も、完全には否定できなかった。状況次第では、京都への侵攻が必要になる事態も想定された。

そうした事態に備え、英陸軍も日本側の砲台をはじめとする防備の状況を、注意深く観察した。これには香港に駐留する陸軍工兵部隊の士官が出張して調査にあたった。もし仮に日本側と、全面開戦となった場合、外国側としては、自国の国民が住む居留地を防衛しなければならない。これがカギになるのである。

この点に関して、長崎の防備状況を観察したレイ工兵少佐は、一八六四年四月十二日(元治元年三月七日)付で、香港の副長官代理宛てにレポートを発している。(11)

砲台数の多さ(砲数百五十門以上と推定)、多様な水平分布と艦船が接近しなければならない海峡の狭さから、私が思うには、砲台がたとえ十分に機能しなかったとしても攻撃はおそらく失敗するでしょう。あるいはいずれにしても多くの人命と、おそらく何がしかの艦数は犠牲になるでしょう。(中略)外国人居留地は、一方面軍に相当する兵力がなくては、まったく防衛することは

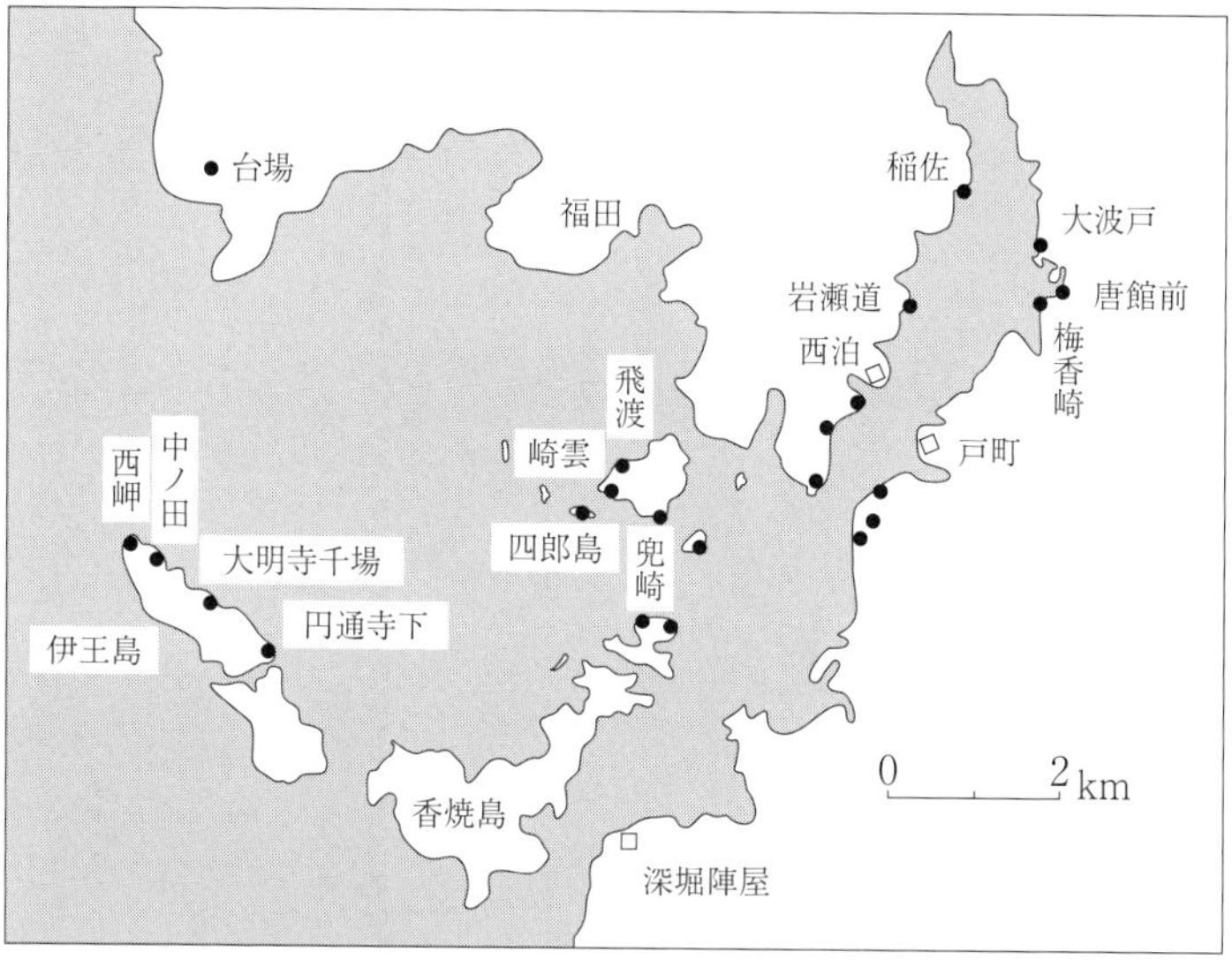

図3　長崎防備図（嘉永6年〈1853〉）
原剛『幕末海防史の研究―全国的にみた日本の海防態勢―』名著出版、1988年、197頁を加工。

できません。

同じ頃の一八六四年二月十二日付海軍省宛てキューパー司令長官の意見も、これと同じで、「ここ（長崎）は高台にある巨大な砲台で囲まれている」としている(12)。

長崎湾の形状は、ちょうど靴下のような袋状であり、出島や居留地を含めた港の施設は、その奥にある。湾の入り口は、幅一キロメートル以下の狭い水道である。さらに、湾の周囲は丘陵地帯で、そこに高低の段差と、水平的な広がりを持った砲台が、百ヵ所以上設けられているという。いわば、長崎湾は、その全体が立体要塞のような構造を持つ。備えられている砲が、旧式青銅砲であっても、そこに艦隊が突入すれば、たしかにレイ・レポートが言うように、かなりの損害を免れないだろう。つまり、外国側（イギリス）にとって、長崎居留地を防衛できない以上、全面開戦は事実上不可能、という理屈になるのである。

ちなみに、清国の場合、第二次アヘン戦争（アロー戦争。一八五六〜六〇）に際し、英仏連合軍に北京まで乗り込まれ、皇帝が一時避難するという事態が生じた。日本の場合でも、京都に外国軍隊が侵攻する可能性は、全くなかったわけではないが、現実化する公算は低かった。それは、長崎の防備が厳重だったためであり、すなわち、日本は京の仇を長崎で討ったのである。

さて、下関戦争から十五日後の八月二十三日、外国奉行竹本正雅《まさつね》は、横浜で外国公使に、横浜鎖港方針を撤回する旨を通告した。すなわち、通商条約について、日本は、全面破棄はもとより、部分改訂もあきらめたのである。

時を措《お》かず、九月六日（一八六四年十月五日）、英公使オルコックは、将軍宛てに次のような通牒を発した。いわゆる最後通牒にあたる(13)。

外国交際に付き、御門《ミカド》、大君の際、葛藤を生せるは近載実地の見聞にて、十分に之を知り、事務執政より外国代弁官に対し、公報正告ありて更に疑をその間に容れす。条約を廃棄せんと御門、祈望し給しより、大君をして、其法律上之主上之命を奉せざるか、或は国中にて西洋四大国之兵と抗闘するの危害に及はしむるか、両様の一を取るの地に臨ましめ給へり、外国との条約を其領承を待ずして、之を破却せんには、これ即ち戦争を促すの挙なり。（中略）其漸終に横浜を鎖閉せんとの願望あり、大名中、鎖港党を結ひ、仇敵之挙動あるに至れは結盟之諸国、之に応するに兵を送り、十分に此港を警衛し、長門領主之砲台塁営を毀却するに及へり。

御門にも此事を全く知覚し給はさるを得す。然れとも猶条約を廃棄せんことを好み給はゝ、これ即ち戦争を好み給ふなり。（中略）今難事を除却せさるを得す、而して静穏平安之方法は、御門、条約に付、勅許し給ふの一策に止る而已《のみ》。この挙を以て確約を掲示ありて結盟諸国、之を領承する時はこれまで漸を追て危難を萌醸せる形勢も其結局に至るへし。

オルコックは、このように述べて、事態を収拾する最良の方法は、ミカドが条約を勅許することだと求めたのである。繰り返しになるが、このオルコックの通牒からも明らかなように、下関に対する攻撃は、最終的には天皇に向け、全面開戦のブラッフ（脅かし）と引き換えに、条約勅許を要求したものであった。

六　条約勅許

慶応元年（一八六五）閏五月二十二日、将軍家茂は、三度目の入京参内を果たし、翌日下坂して、大坂城を征長の本拠とした。この機会をとらえた英仏蘭米四ヵ国公使団は九月十六日、軍艦九隻に搭乗して紀淡海峡を強行突破し、大坂湾に侵入、兵庫沖に停泊した。その威圧のもとに十九日、英公使パークス（オルコックの後任）らは、状況次第によっては全面開戦との構えを見せて、条約勅許を要求したのである。

これを受けて、十月四日、京都御所内で公家武家合同の評議が開催された。出席者は、公家側では、関白二条斉敬・中川宮朝彦親王・議奏・伝奏。武家側は禁裏守衛総督一橋慶喜・守護職会津容保・所司代桑名定敬・老中格小笠原長行《ながみち》であり、天皇自身も御簾の中から議論を聞く「御透聴《おんすきぎき》」の形態で会議に参加した。

評議は徹夜で行われたが、結論は出なかった。その結果、翌五日、在京有力諸藩の留守居または周旋方が召集されることになった。提案者は一橋慶喜のようである。

召集されたのは、鳥取・岡山・熊本・薩摩・土佐・越前・広島など十五藩、三十数名である。彼らは諸大夫《しょだいぶ》の間（参内者の控えの間で、三部屋が東西に連なる）のうち、最奥の「虎の間」に一人ずつ呼び出され、意見を聞かれた。

なかでも会津の外島機兵衛は、大活眼をお開き下さり、「四海兄弟《しかいけいてい》」とお考えになり、「御国是」の立つ様にと、涙ながらに演述した。また、土佐の津田斧太郎は「彼我の別を論ずる事」なく、「和漢歴代の盛衰に比して」、よく利害を考えるべしと申し述べた(14)。

これらが、その場の意見の大勢であった。かつての華夷秩序論が、もはや現実の国際情勢に適応で

図4　条約勅許をめぐり、慶応元年(1865)10月5日、在京有力諸藩の代表が召集された御所「虎の間」
(著者撮影)

きなくなっているという認識は、現場の政治活動にあたる者の間では、すでによく行き渡っていたことなのである。これらの経過を踏まえ、十月五日夜、ついに天皇から将軍に宛て、次のような勅書が降された[15]。

条約の儀、御許容被為在候間、至当之処置、可致候事

大樹へ

別紙之通、被仰出候に付いては是迄条約面品々、不都合之廉々有之、不応叡慮候に付、新に取調、相伺可申、諸藩衆議之上、御取極、可相成事

兵庫之儀は被止候事

この措置を以って、日本は、世界システムに基本的に参入することが確定した。但し、もとより、西洋国際標準が、全国全階層に完全に受容されたわけではない。むしろ、その受容は、この条約勅許からスタートするといってよいであろう。

おわりに

慶応元年(一八六五)十月の条約勅許を以って、現実に行われている外交・貿易と、その事実を国家のトップが認めていないというねじれ構造は解消した。また、イギリスをはじめとする外国側から見れば、通商条約の全面的な履行を要求する完全な根拠を獲得したのである。

それまでの経過に見られたように、当該期の政治過程は、恒常的に、国際情勢とのかかわりの中で推移してきたものであった。「攘夷」や「開国」という言葉を、同時代人の理解に従ってとらえるべきと本稿が主張してきたゆえんも、そこにある。

また、条約勅許にあたって重要なことは、諸藩側の意見聴取が、最終的な決め手となったとみられることである。この段階では、御所への諸藩京都留守居の召集と意見聴取とが、公家側から見ても、抵抗なく行われる情勢になっていた。それは、一般的に唱えられていた公論の採用が、はじめて現実に具体化した姿でもあった。その、さらなる具体化は、慶応三年(一八六七)以降の政変を経て、さらに制度化が進展するであろう。また、それ以前に、これだけは禁止とされていた兵庫開港(慶応三年十二月七日・一八六八年一月一日が期限）勅許問題においても、何らかの形で具体的な導入が図られたと思われる。これらの検討は、のちの課題としておきたい。

（付記1）本稿は、二〇一四年度明治維新史学会関西拡大例会（九月十三日・於キャンパスプラザ京都）での基調講演、及び、筑波大学人文・文化学群シンポジウム「グローバルヒストリーと異文化理解」（十月二十五日・於つくばインフォーメーションセンター）での報告に、補訂を加えたものである。

（付記2）本稿は科学研究費補助金（基盤研究C）課題番号25370805「京都留守居を通した公武関係史の研究」（研究代表者青山忠正）による研究成果の一部である。

注

（1）周布公平監修『周布政之助伝』下巻、東京大学出版会、一九七七年。
（2）『続再夢紀事』一、九六頁。日本史籍協会、一九二一年。東京大学出版会、一九八八年復刻再刊。
（3）三谷博『ペリー来航』吉川弘文館、二〇〇三年、一八五頁を参照。
（4）拙著『明治維新の言語と史料』清文堂出版、二〇〇六年。とくに第一章「井伊直弼と通商条約調印」を参照。
（5）『孝明天皇紀』四、吉川弘文館、一九六八年、四六五頁。
（6）『防長回天史』④（第三編下）、二三頁。一九二一年修訂。マツノ書店、一九九一年復刻。『大日本維

新史料稿本』同日条（東京大学史料編纂所データベース）。
（7）『孝明天皇紀』五、二六頁。
（8）これらについては池田の伝記である岸加四郎『鶴遺老』井原市教育委員会、一九六九年、を参照。
（9）保谷徹『「欧米史料による下関戦争の総合的研究」研究報告書』、平成一〇―十二年、科学研究費補助金　報告書。二〇〇一年刊。五八～五九頁。
（10）これらの点については、保谷徹『幕末日本と対外戦争の危機―下関戦争の舞台裏―』吉川弘文館、二〇一〇年、から啓発されることが多かった。謝意と共に明記しておきたい。
（11）保谷同右書、一三八頁から再引用。
（12）同右、一五八頁より再引用。
（13）『続通信全覧　編年之部　六』雄松堂出版、一九八三年、六五〇～六五一頁。なお、保谷前掲書二〇八頁には、英語原文からの翻訳が掲載されていて、その主要部分は次のようである。
「ミカドは条約の廃止を要求して、正統な君主への不服従か、あるいは西洋の四大列強に対する戦争のあらゆる惨禍を自国に惹き起こすのかという、二者択一を大君に強いました。何故なら、取り結んだ条約を同意無しに取り消すことは戦争宣言することなのです。（中略）ミカドは、それ故、もはや何の思い違いも許されません。彼が条約廃止を求め続けるのであれば、彼は戦争も求めなければなりません」。
（14）『孝明天皇紀』五、六七七頁。
（15）同右、六六三頁。

（補注）

図2の直接の出典は、阿部泉解説『イギリスの新聞にのった薩英戦争と下関戦争』トミタ出版、一九九二年。

第二章　功山寺決起と高杉晋作

一 「もはや口説の間に成敗の論、無用」

元治元年（一八六四）、十二月十五日深夜、長府（現下関市東部）の功山寺に、高杉晋作の姿があった。小具足姿の晋作は、折から降り積もった雪に輝く参道を登り、方丈の奥に進んだ。そこには、三条実美はじめ五人の公卿が潜んでいた。彼らは、前年八月十八日政変で京都から落ち延びた、いわゆる「七卿落ち」のメンバーだが、七人のうち、一人は脱走、一人は病死して、五人に減っている。

晋作は、三条に拝謁を乞うと、挙兵の決意とともに、暇を告げた。五卿に随従していた浪士の首領、土方久元の日記、『回天実記』同日条には、次のように見える。

（晋作は）馬関《ばかん》へ参り掛け、御暇乞いとして条公御旅館へ参殿、面会す。小具足《こぐそく》に身を固め、意気頗《すこぶ》る軒昂《けんこう》せり。もはや口説《くぜつ》の間《かん》に成敗《せいばい》の論、無用なれば、これよりは長州男児の腕前、御目に懸け申すべし、との事にて、余程憤慨の模様ありたり。

晋作が、このとき気合が入っていた様子が、ありありと見て取れる。それもそのはずで、これから、馬関(下関)の、毛利本家の新地会所(出張役所)を、自分の意見に同調してくれた遊撃隊、力士隊の五十名だけで襲撃しよう、としているのである。「もはや口説の間に成敗の論、無用」というのは、もう交渉で事態を打開できるような状況ではない、実力行使しかない、という意味である。では、晋作は、その実力行使で、何を実現させようとしていたのだろうか。

二　決意を固めた晋作

図5　功山寺境内の高杉晋作銅像
(土田容子撮影)

少し、時計の針を元に戻して、十月頃の状況にさかのぼってみよう。

元治元年十月の長州は、混乱の真っ只中にあった。七月十九日、京都禁門の変で敗れた長州に、幕府は征討令を発した。いわゆる第一次の長州征伐である。その征長軍は、広島に本営を置き、藩境を取り囲みつつあった。

いっぽう、八月初めには、英仏蘭米四ヵ国連合艦隊が、大挙して下関を攻撃する事件が起き

ていた。攘夷（横浜鎖港）論の本拠地を下関とみて、これに報復攻撃を加えたものである。晋作は、戦闘終了後に、講和談判使節として、下関海峡の外国船通過を保障する講和条約を締結した。その後の藩内では、攘夷強硬論者の代表格だった久坂玄瑞の討死（禁門の変）、周布政之助の自刃（九月末）などを踏まえて、反対派だった椋梨藤太《むくなしとうた》の一党が勢力を盛り返していた。いわゆる「俗論党」である。

椋梨党は、政権要路に返り咲き、それとともに、それまで藩政をリードしていた旧周布政之助一党への弾圧を始めた。それが十月下旬のことである。晋作は、いったん萩の実家に戻っていたが、二十四日には萩を脱走し、二十七日は、山間部の徳地に退いていた奇兵隊の幹部山縣狂介（有朋）、野村靖を訪ね、直接行動を持ちかけたが、時期尚早とみた山縣らは応じなかった。晋作は山縣の説得をあきらめ、下関に出ると、筑前勤王党の中村円太と会い、中村を同行して筑前博多に渡った。長州内部に味方を得られなかった晋作は、筑前に同調勢力を見出そうとしたようである。

晋作が筑前に行ったのは、次のような事情が背景にある。すなわち、征長総督府は、征長軍を、戦いに至らず撤兵させるための条件として、長州側に、三条件を提示していた。一つは藩主父子の自筆謝罪状の提出であり、これは問題なく進められた。二つには、山口政庁（前年、萩から本拠を山口に移転させていた）の建物の破却だが、これも屋根瓦をはがす程度の形式的な措置で済んだ。三つに、五卿の領外への移転があった。その移転先は、征長に従軍している筑前藩の申し入れで、筑前と予定されていた。

この五卿移転問題が、奇兵隊など諸隊側の、大義名分を失うという反対意見のせいで、おおいに紛糾することになる。筑前に渡った晋作は、勤王党の月形洗蔵らと連絡を取って、「九州連合の策」を練ったという。詳細は明らかでないが、おそらく、五卿の受け入れをめぐって、何らかの工作を行い、長州内部での勢力挽回をもくろんだのであろう。

ところが、筑前福岡に滞在中の十一月下旬、晋作は、三家老切腹、四参謀斬首の情報を得た。益田右衛門介（弾正）以下の三家老、中村九郎以下の四参謀は、禁門の変の直接の責任者として、総督府からの督促を受け、十一月十二日に切腹、または斬首されていたのである。

これを聞いた晋作は、「胸中、焼けるがごとく」、矢も楯もたまらなくなり、十一月二十五日には下関に戻った。これまでに、何人の友人、知人が命を落としたことだろう。玄瑞を筆頭に、すべて晋作の同志だった人びとである。

しばらく経って晋作は、下関から東へ二里の長府城下に入った。すでに長府には、功山寺の五卿とともに、これを確保しようとする奇兵隊以下の諸隊主力が転陣していた。十二月十二日夜、晋作は酒気を帯び、功山寺の東隣にあった修繕寺《しゆうぜんじ》に駐屯する御楯《みたて》隊を訪ね、優柔不断ぶりをなじり、実力行使を呼びかけた。御楯隊は、しばらく前に、各郡の代官所を襲撃する計画を立てていたのだが、晋作の反対意見で中止した経緯がある。

その場に集まったのは、御楯隊から総督太田市之進、冷泉雅次郎《れいせんまさじろう》（天野御民《あまのみたみ》）、品川弥二郎、南園《なんえん》隊総督佐々木男也《おなり》、遊撃隊総督石川小五郎（河瀬真孝）、同軍監高橋熊太郎、諸隊客分野村靖らである。

しかし、他国浪士を多く含む遊撃隊の石川、高橋（水戸浪士）以外は、過激な行動にこぞって反対した。

諸隊が同調をためらう理由は、大きくいって二つある。一つは、奇兵隊総督赤根武人が進めていた萩の藩政府との「調和論」が実を結びつつあり、先に布達された諸隊解散令（十月二十一日）は取りやめ、諸隊士は「土着」と内決した、という事情があった。二つには、征長軍と五卿の存在である。下関対岸の小倉には、副総督府が置かれていて、五卿の移転を今や遅しと待ち構えていた。その状況の下で、いま下関で騒動を起こせば、征長軍の介入を招きかねなかい。

しかし、晋作は、理を尽くした反対意見にも耳を貸さず、ひたすら決起を呼びかけた。のち、明治十九年（一八八六）九月、天野御民が、毛利家の家史編纂係り大津唯雪《ゆいせつ》（村田次郎三郎）の求めに応じて書いた記述によれば、その模様は、次のようであった。

東行《とうぎょう》（晋作の号）、席を改め、両手を膝に突き、斜めに坐《ざ》して答えて曰《いわ》く、君らは赤根武人にだまされた者か。そもそも武人は大島郡の一土民ではないか。何ぞ国家の大事、両君侯（藩主父子）の危急を知る者であろうか。予は毛利家三百年来の世臣なり。武人のような一土民と比べ物になろうか。予は決して、この挙を止めることはできない。

そのとき晋作の髪の毛は逆立ち、目を吊り上げ、発する声は、高くなったり低くなったり、まるで唸るようであった、という。

晋作の伝記で最も有名な、このシーンは、右の天野御民の回想記が、唯一の記録である。なお、この場面は、さらに大正五年（一九一六）、中原邦平が「東行先生略伝」で、「赤根武人なる者は大島郡の土百姓（中略）この晋作は毛利家譜第《ふだい》恩顧の士」と、少しオーバーに書き換えて紹介し、世に広まった（『東行先生遺文』所収）。天野の回想記に、「土百姓」という言葉はない。

ともあれ、このとき、晋作が必死の迫力を込めて、諸隊に訴えかけたことは確かであろう。しかし、それでも奇兵隊以下は動かなかった。晋作はやむを得ず、いったん下関に戻った。下関には、晋作の計画に賛同してくれる人物が一人だけいた。力士隊を預かる伊藤俊輔（博文）である。晋作は、十二月十四日、再び長府に来ると、遊撃隊の石川、高橋を説き、遊撃・力士の二隊だけで行動に移ることを決意した。人数わずかに五十名である。

三　真の狙いは局面の誘導

さて、ここでようやく冒頭の場面に戻る。三条らに覚悟と別れを告げた晋作は、一行を率いて街道を西へ駆けた。めざすは、下関新地の会所である。翌十六日の明け方、会所を包囲した晋作一行は、空砲を発射して威嚇したうえ、奉行の根来上総《ねごろかずさ》に対して、資金と食糧の引き渡しを迫った。伊藤博文の回想談では、「ただ目的は食う物が取るれば宜《よ》いのであるから追い退けさえすれば宜い。人を殺すのは悪いというので空鉄砲を打つと皆後ろの墻根《かきね》を越えて遁げてしもうた」という（『維新風雲録』）。

もともと、根来は文久三年（一八六三）、周布政権当時は家老だった人物だから、正面から敵対するような立場ではない。だから、この晋作の行動は、「挙兵」とはいえ、直接の政変をめざすようなものとは言いにくい。晋作一行は、こうして会所から、「俗論党」側の役人たちを追い払うと、北隣にある了圓寺にたてこもった。晋作の真の狙いは、萩の藩政府を刺激して、諸隊と直接対決の状況を創り出すことにあった。

その意味からすれば、晋作の狙いは、まんまと図に当たった。晋作が下関で行動を起した時、藩政府は征長総督府への対応に追われていた。総督府は、撤兵令の発令に先立ち、領内鎮撫見届けのため、巡見使の派遣を決定していたが、先発として尾張藩の長谷川惣藏が、十二月十五日、萩に入る。長谷川は、五卿移転がまだ実行されず、諸隊鎮撫も完全には行き届いていないことに強い不満を示した。いっぽう、諸隊側では、奇兵隊などの主力は、十六日には長府を引き払い、山間部の伊佐に撤退し始めた。諸隊主力は、晋作の意図とは裏腹に、あくまでも鎮静を保ったのである。

その状況下、総督府巡見使は、十九日山口経由、二十日萩入り、城内まで巡視して、二十六日には広島に戻った。これを踏まえて、二十七日、総督府は従軍諸大名に撤兵を令し、軍事行動としての長州征伐は完了した(五卿移転は正月十四日に実行)。

しかし、その前に、「俗論党」政府は、旧政府員の前田孫右衛門ら七名を投獄、翌日には斬首に処し、さらに村田次郎三郎・小田村素太郎・波多野金吾(広沢真臣)の三人を投獄し、二十五日には家老清水清太郎を切腹させた。禁門の変以来、要路の死者は二十人を超えた。

そのうえで藩政府は二十四日から、諸隊に対する鎮圧出兵を具体化し、翌日には部隊が萩を出立した。奇兵隊は、この出兵を、あくまでも「追討」ととらえ、対抗する姿勢を強めた。翌年正月元日、政府側使者が、伊佐の奇兵隊本陣に、通牒を達したが、その内容は、山間部への退去と武装解除を命ずるものであった。赤根武人が進めていた「調和論」は、ここに至って完全に破綻し、諸隊は存廃の淵に立たされたのである。立場を失った赤根は、翌日、下関から筑前へ逃亡した。

この通牒を受けた諸隊は、いったんは承諾と称して時間を稼ぎ、ついに六日夜、山口近郊の絵堂に進出していた政府軍に夜襲を敢行し、以後、約十日間にわたって武力衝突が起きた。諸隊側は、「戦書」を敵の陣営に投じ、椋梨藤太らと「一戦雌雄を決したく」と述べた。戦いの目的は「俗論党」との武力対決にあると、明言したのである。戦闘開始の八日後、十四日には、晋作・伊藤・石川らの遊撃隊が諸隊主力に合流した。諸隊と「俗論党」藩政府との直接対決の状況を創り出す、という晋作の狙いは、ここでようやく実現したのである。

十七日までに、戦闘は諸隊優勢のうちに終結し、二十日、諸隊は山口に入り、局面は小康状態を迎えた。萩では、「俗論党」以外の、「鎮静会」と称する家臣団による調停活動が活発化し、正月二十八日から三十日にかけ、山田宇右衛門ら旧政府員を役職に復帰させ、椋梨党を免職する人事が行われた。諸隊も二月十四日、萩城下の入り口まで進出して圧力を加え、同日には、先に投獄されていた村田次郎三郎らの赦免が実現した。その状況下、椋梨藤太ら十二名は、吉川領岩国に亡命しようと萩を脱走したが、十七日には津和野藩領内で捕縛され、萩に送還された。椋梨党にとって終焉の合図であり、同時に晋作から見れば、下関決起の最終的な成功を意味したのである。

第三章　佐幕か、倒幕か、幕末各藩の動向

一　体制変革は必至

嘉永六年（一八五三）六月、ペリーが来航したとき、徳川将軍家の首席老中、阿部正弘は、友好と通商を求めるアメリカ大統領フィルモアの国書を受領し、ペリーがいったん退去した直後、その国書を諸大名に公開して、それへの対処の仕方を諮問した。それは、国政のあり方を、将軍と老中が専断で決めるという、それまでの近世国家の大原則を破る、異例の措置であった。もう少し正確にいえば、欧米の海外諸国が、軍事力を背景に、日本に対して条約締結を迫るという事態そのものが、異例だったのである。

これを契機に、諸藩（諸大名と、その家中）は、そのような事態への対応策をめぐって、いやおうなしに全国の国政に関与する結果になった。その動向は、最終的に、徳川将軍の制度を存続させるか、それともこれを廃止して、全く別の制度を生み出すか、という二者択一を諸藩にも迫るようになる。この意味での二者択一を、言葉のうえで整理してしまうと、「佐幕」か、「倒幕」か、ということに

なる。現実の歴史の過程では、将軍制度は廃止され、天皇親政の政体が成立する結果になったので、その過程を叙述するときには、「倒幕」が、どの勢力によって、どのように進展したか、に力点が置かれる場合が多い。しかし、「倒幕」といっても、かつて十四世紀、鎌倉幕府討伐の場合とは異なって、徳川家が完全に滅ぼされたわけではない。徳川家は、十五代慶喜も助命されて田安亀之助が継ぎ、彼は十六代徳川家達《いえさと》と名乗り、やがては貴族院議長にまでなった。徳川家は、二十一世紀の現在に至るまで健在である。

またいっぽう、「佐幕」といっても、嘉永・安政期（一八五〇年代）の将軍と大名の体制を、そのまま続けられると考えていた政治勢力は存在しない。日本というよりアジア全体を覆う国際な環境が、変化していることは、アヘン戦争（一八四〇〜四二）での清の敗戦をはじめ、一般庶民に至るまで、周知の事実であり、これに応じて、日本国のあり方を改変してゆかざるを得ないことは、すべての政治勢力にとって共通の関心であった。

二　親徳川か反徳川か

このような点を踏まえて見ると、俗にいう「佐幕」「倒幕」の区別は、諸藩側の立場からは、新体制を生み出すことは当然として、その場合、徳川家を中心的な位置に据えるか（親徳川）、それとも、他の大名とまったく同列に置くか（反徳川）、という、徳川家に対する距離の取り方の違い、と見るほうが正確である。

時間的な順序からは、だいぶ先の話になってしまうが、慶応三年十二月九日（一八六八年一月三日）、宮中で「王政復古政変」を起こすとき、参加した五藩のうち、尾張藩（徳川慶勝）は三家の筆頭、越前藩（松平春嶽）は家門（徳川家の親戚）筆頭の家柄であり、彼らは、当然ながら徳川家を討伐することなど、最初から念頭に置いていない。また、土佐藩（山内容堂）は、鳥羽・伏見戦の開戦後でも、土佐兵の参戦を禁じていたほどである。薩摩藩内でも、徳川家の扱いについては過激・穏便の両端があるから、つまり、この時点でも、徳川家そのものをできれば滅ぼしたい、と内心で考えていたのは、長州藩くらいのものである。分かりやすくいってしまえば、「佐幕」と「倒幕」や、「佐幕」と「勤王」といった言葉は、明治になってから、かつての歴史の過程を振り返った時、事態の推移を単純化して説明するために生み出されたものと思ったほうがいい。現実の過程は、それほど単純ではない。

三　通商条約調印と諸藩

以上のように見てゆくと、諸藩が、親徳川か、反徳川か、の最終的な選択を迫られるのは、慶応四年正月七日、新政府から慶喜追討令が出されて以降であり、その後の現実は、周知のように、ほぼすべての諸藩が、新政府側の立場に就いた。徳川家を、政府の中心的な位置に据え置く、という構想は、すでに成り立ちようがなくなってしまったからである。

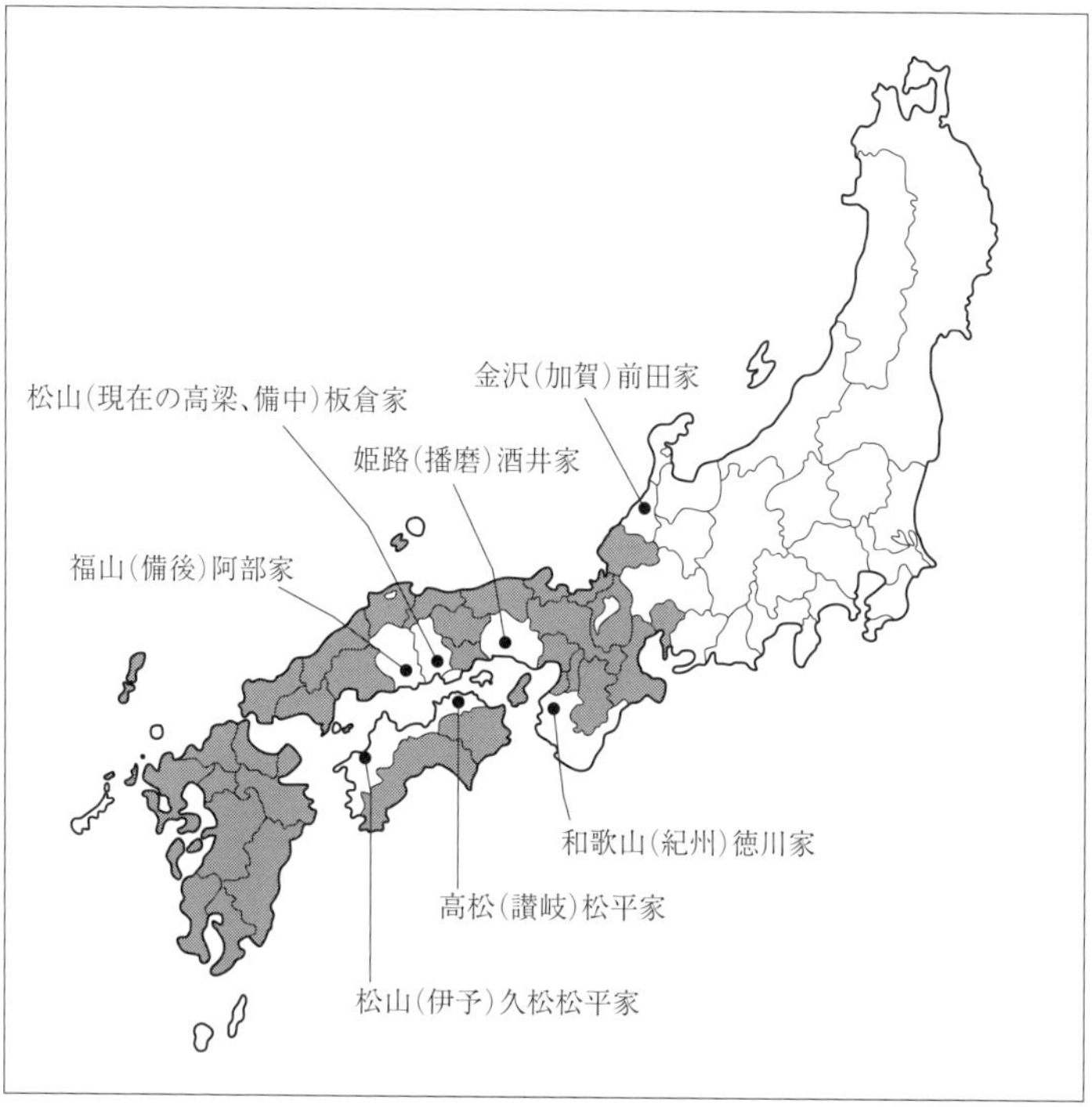

図６　慶応４年正月７日に慶喜追討令が出された際の各藩の動向
（網掛けは新政府側を示す）

しかし、そこへ行き着くまでには、当然ながら、十五年に及ぶ紆余曲折があった。まず、大きな画期は、安政五年（一八五八）六月、通商条約の調印問題である。経緯はともあれ、大老井伊直弼は、アメリカとの通商条約調印を、天皇の勅許を得ないまま断行した。この点について諸藩側は、勅許の有無と並んで、諸藩側の合意を得ていないことを問題にした。通商条約による自由貿易の開始は、日本全国にかかわる問題なのだが、その決定について、全国諸藩の意向や立場を、介在させる制度自体が存在しないのである。

この事態は、貿易による富国政策を、どう具体化させるのかという問題と共に、国際社会のなかで日本の地位を、どう位置付けるか、という「国体」のあり方をめぐる問題として、反徳川の動きを引き出した。それに先駆けたのは水戸藩（斉昭）だが、三家の一つらしく、反徳川というより、「国体」論の立場で、もっぱら井伊大老を攻撃した。結果が万延元年（一八六〇）三月、桜田門外での井伊暗殺である。

しかし、この水戸藩の動きは、多くの諸藩を刺激し、徳川に逆らう動向を顕在化させるきっかけとなった。文久二年（一八六二）四月、薩摩藩の島津久光は、大兵を率いて上京、勅使大原重徳《しげとみ》を擁して江戸に下り、将軍家茂《いえもち》に、国政改革の要求を突きつけ、一橋慶喜の将軍後見職、松平春嶽《しゅんがく》の政事総裁職就任を実現させた。朝廷の権威を背景にするとはいえ、外様大藩による国政人事への、あからさまな介入であった。

ついで、薩摩に対抗する意味を込め、長州藩が朝廷に入説《にゅうぜい》し、議奏三条実美が勅使として江戸に下り、十一月、将軍家茂に攘夷実行を督促する勅書を授けた。すなわち、安政通商条約を、不正のものとして、その破棄を要求したのである。家茂は、これを受けざるをえなかった。

四　将軍上洛と攘夷実行

家茂は、文久三年三月、上洛した。その前後、朝廷からの内命に応じて、全国の大名が続々と京都に結集しつつあった。将軍の着京以前、二月十八日に孝明天皇は、在京諸侯二十一名を御所に召集、攘夷決行の旨を申し渡した。将軍の頭越しに天皇の命令を受けるのだから、このとき参内した諸侯は、すでに広い意味で反徳川といえる。もっとも、後見職慶喜・総裁職春嶽・京都守護職会津容保らは職掌の範囲なので、別格だが、それ以外の主要な大名として、尾張慶勝（隠居）・毛利定広（世子）はじめ、阿波の蜂須賀茂韶、鳥取の池田慶徳（水戸斉昭の五男）、宇和島の伊達宗城（隠居）、米沢の上杉茂憲、熊本の細川慶順、芸州の浅野茂長らがいた。さらにいえば、政事総裁職松平春嶽は、このあと家茂に、将軍職辞任を勧める意見書を呈し、みずからは総裁職の辞表を届け捨てで福井に帰国してしまうので、すでにこの頃から、将軍制度を存続させることは難しいとみていたのである。

孝明天皇と将軍家茂は、合意の上、四月二十一日、五月十日を以て攘夷期限とする旨を布令した。ただし、将軍令の内容は、その日から条約破棄の交渉を外国公使側と開始するという意味であり、直ちに外国船打ち払いなどを命じたわけではない。天皇命令を、「奉勅攘夷」と称して、外国艦を砲撃したのは事実上、下関での長州藩だけである。

この攘夷令への対応に見られるように、この時点で、明確に反徳川の立場に立っていたのは、長州藩である。しかし、その過激ぶりは、天皇自身も厭うところであり、間もなく八月十八日政変で京都から追放される結果を招いた。さらに、翌元治元年(一八六四)七月、禁門の変で長州は、会津・薩摩の返り討ちにあって敗退し、「朝敵」の立場に追い込まれる。ただし、この時点でも長州藩は、必ずしも孤立していたわけではない。鳥取藩や筑前福岡藩などは、かなり同情的であったから、徳川から見れば、それらは要注意藩である。

五　幕長戦争と反徳川

外国艦に対する無差別砲撃あたりまで、長州藩の過激攘夷論は、諸藩からも、危険な方針として反感を買う面が強かった。しかし、その方針が内に抱えている、反徳川の要素、つまり徳川将軍家が国政を専断する現状を改め、全国諸藩が国政に関与しうる体制を生み出そう、という側面は、多くの諸藩の共感を呼ぶところだった。

慶応元年(一八六五)に入り、徳川家が、むしろ復古的な性格を強め、家茂自身が大坂城を拠点に「長州征伐」を呼号する段階になると、長州支援を通じて、反徳川の色彩を強める諸藩が多くなる。その傾向は、長州征伐に動員される西南諸藩に強く、東北(奥羽)諸藩は、まだ親徳川の部分を残している。一つには、慶応年間以降、政局の中心地が、完全に京都・大坂に移るにつれ、通信・連絡手段として蒸気船が利用できない奥羽諸藩は、政局動向から疎外されがちになっているという事情も大きく与《あずか》っている。

その結果、慶応二年（一八六六）六月に開戦される幕長戦争では、徳川家の味方は、紀州徳川家のほか、彦根の井伊・越後高田の榊原など、譜代の重鎮大名だけだった。薩摩はいうまでもなく、肥後熊本など九州の有力諸藩は完全に離反している。きわめて大きく色分けすれば、畿内を中心に、西はすでに「倒幕」、東は「佐幕」といってよいだろう。

そこへ、七月家茂、十二月孝明天皇、と要人の急病死があいついだ。将軍の跡は、四ヵ月の空白期間を置いて、慶喜が継いだ。次代の天皇は睦仁《むつひと》（明治天皇）だが、まだ十四歳、元服前の少年であり、朝廷の実権は、外祖父の中山忠能《ただやす》が握った。政治構造の頂点の部分が、大きく変化したのである。

六　政変と「摂関幕府等廃絶」

このような状況にあって、薩摩藩は慶応三年（一八六七）六月、政変を計画した。藩地から二大隊（千二百人）の兵を増派し、長州藩と共同して、武力を背景に、宮中で政変を起こそうという。しかし、このときでも、薩摩藩は、徳川家と全面戦争を起こそうとしているのではない。基本的な構想は、征夷大将軍を制度的に廃止することだが、それと並んで重要なのは、朝廷内部でも、摂政（関白）を廃止し、天皇親政の体制を築こうというのである。当時、このことを「王政復古」と呼んだ。文字通りに、古代の「王政」時代に復古しようという意味ではない。「変革」や「革新」という言葉がないから、そのかわりに、こう呼んだのである。

この王政復古構想には、反徳川（徳川家及び摂関家を、中心の位置に据え置かない）の立場に立つ、多くの諸藩が賛同した。先に見たように、尾張徳川家や越前松平家が参加するのも、このような意味からである。十二月九日には、薩摩・芸州の兵が主力となって、禁裏（皇居）の周囲を固め、限られた公卿・諸侯だけで、王政復古の号令を降すことが決定され、天皇の承認を得た。そこでは、「摂関幕府等廃絶」がうたわれた。これにより、摂関ならびに将軍という旧体制の根幹が廃止され、かわって総裁・議定・参与という三職制が定められた。

以上のような宮中政変に、直接関与したのは、薩摩・土佐・芸州・越前・尾張の五藩、それに外部からの支援勢力として長州、計六藩だけである。しかし、政治状況として、このような政変計画が進展しつつあることは、上記五藩と関係の深い諸藩京都留守居の間には、知れ渡っていた。そのせいもあって、王政復古令が、十四日に公式に諸藩に伝達された際も、動揺は生じていない。摂関・将軍廃止、天皇親政は、政治関係者の間で、すでに最大公約数的な見解であり、その意味では、反徳川も共通了解となっていたのである。

ただし、薩長が政府の中枢に位置することについては、当然ながら異論があった。とくに、奥羽諸藩の間において、それは顕著であり、そのことが戊辰奥羽戦争を招くのであった。

第四章　国際社会のなかの戊辰戦争

一　内戦と国際社会

戊辰戦争は慶応四年(一八六八)正月、鳥羽・伏見の戦いに始まり、翌明治二年五月、函(箱)館五稜郭の開城まで、一年五ヵ月間にわたって続いた。あい戦ったいっぽうは、薩長土肥を主力とする諸藩兵から構成された新政府軍であり、このほうは明快である。しかし、その対戦相手は性格が複雑で、二転、三転する結果になった。すなわち、当初のうちは旧幕府徳川方の抗戦派だったが、同年五月に奥羽越列藩同盟が成立する頃には、反薩長の立場に立つ奥羽越諸藩勢力の連合体に変わった。それが会津若松の落城で片付くとともに、元号が「明治」と改められた九月からあとになると、相手は、旧幕府の残党とはいえ、蝦夷ヵ島に独立共和国の設立をめざす政治団体になった。新政府軍は、これらを順々に平定し、政府の政治的な基盤を安定させたのである。

このような内戦が、日本最初であったことは言うまでもないが、より特徴的なことは、戦闘の勝敗を含めた政局の推移が欧米諸国から注目を浴び、また現実の政局の展開にも、外国側が関与するという事態が生じたことである。そもそも、さかのぼって言えば、遅くとも一八四〇年代になると、日本には欧米諸国の先進的軍事技術が導入され始めていた。それは、まずハードウェアである大砲や小銃の輸入及び国産化として現われ、ついで、それらを活用する軍事組織の編成というソフトウェアとして具体化されていった。つまり戊辰戦争は広い意味で国際社会のなかに、その政治的な動向の一コマとして組み込まれていた事件だった。以下では、それらの様相について概観してみることにしよう。

二　軍事技術の導入

時間的な順序から言えば、それまでの刀槍や弓鉄砲による戦いから、銃砲を主な武器とする戦いへという、技術的な発展のほうが、内政に関する外国との交渉などより、はるかに早く現実の問題となっている。日本で西洋式砲術が実際に紹介された最も早い例は、高島秋帆《しゅうはん》が天保十二年(一八四一)、徳丸ケ原(現在の東京都板橋区)で行なった軍事演習である。長崎の町役人出身の秋帆は、出島でオランダ人から最新の砲術を学び、高島流砲術を創始した。この高島流は、徳川将軍家から公認され、また肥前佐賀の鍋島、薩摩島津、長州毛利など、海防に関心の高い、西南地方の諸大名家に導入されていった。

その当時は、欧米でも軍事技術が飛躍的に発展しつつある時代だった。銃について言えば、一八五〇年代に英仏など欧米先進国では、ミニエ弾を用いた前装式(先込め)施条《せじょう》銃が普及し始めていた。

ミニエ弾とは発射薬の圧力で弾頭底部が拡張し、銃腔内部の線条（ライフル）に食い込んで確実な回転力を与えるというものだが、その技術のおかげで、それまでの円弾を用いた滑腔《かっくう》式ゲベール銃に比べて性能が飛躍的に高まった。弾道の精度が格段に増すので、命中率が上がるとともに、有効射程距離も倍増して二百メートル以上に達した。さらにミニエ銃は、十年後には後装式（元込め）に改良されてゆく（宇田川武久編『鉄砲伝来の日本史』吉川弘文館を参照）。後装式の利点として、発射速度（単位時間当たりの発射弾数）が増すのは当然だが、兵士の戦闘時の動作において、銃を立てずに伏せたままの姿勢で弾込めができるから、敵の射線に対して暴露する機会を大幅に減らせるのである。

このようなハードウェアの導入は、比較的に簡単であり、普及も早い。一八五〇年代末から外国貿易が始まると、武器商人は横浜や長崎にいち早く進出して諸大名家に銃砲を売り込んだ。操作の技術は、一度伝習されれば、容易に広められるし、銃砲自体の国産化も、当時の日本国内の技術レベルの高さから見て、あながち不可能ではない。

しかし、問題はソフトウェアの面すなわち、それら銃砲を使いこなす組織のほうにある。欧米でもゲベール銃の段階までなら、歩兵の戦い方は、基本的にいって大隊（五百人程度）を単位とする集団戦法であった。すなわち密集した大隊同士の銃撃戦から始まり、接近して白兵戦に移るのである。それが、先に見たようなミニエ施条銃が行き渡ると、一八六〇年代半ばまでには、戦法も一変して散兵戦術を採るようになった。つまり、歩兵は、小隊（四十人程度）をまとまりとして広く散開し、匍匐《ほふく》前進しながら敵陣に近づき、最終的には着剣して突撃する。後装式（元込め）銃なら、着剣した状態のまま

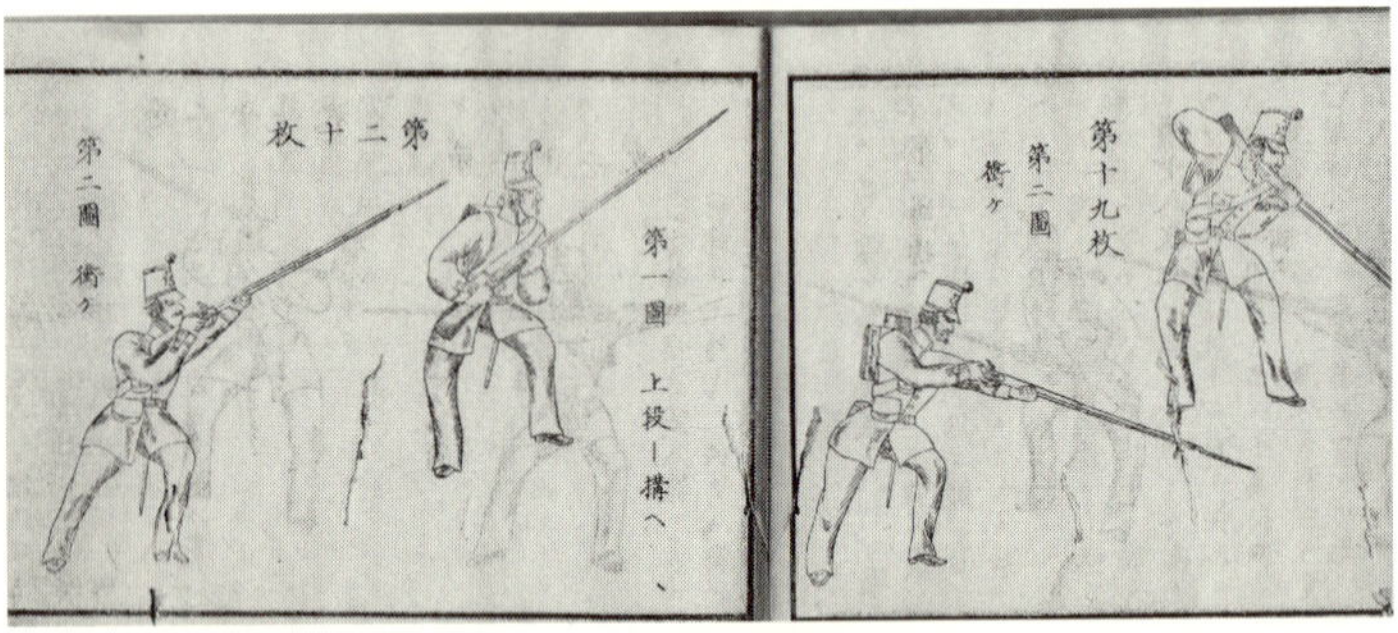

図７　『英国歩兵練法』より、兵士の戦闘動作
（著者蔵）

弾込めもできる。

十九世紀半ばの日本で、「隊」と呼ばれたのは、このような活動ができる軍事組織の意味であり、構成員として必要なのは、指揮能力を持つ少数の指揮官（各隊長）と、その命令で斉一的に進退する多数の兵士である。とくに兵士は、隊内では互いに平等な身分でなければならない。

厄介なのは、このような軍隊組織と、それにあてられるべき大名家の家臣団組織とが矛盾をきたすことだった。大名家臣団は、家格と禄高を基準に、家単位でピラミッド状に編成されている。高禄の上士と足軽とを、同じ一兵卒として位置付けるわけにはいかない。したがって、大名家が先進的な軍隊組織を整備するためには、家臣団の編成を改革する必要があった。

こうした軍制改革を早くから進めたのは長州毛利家で、文久三年（一八六三）、フランス艦隊との下関での戦闘をきっかけに編成された奇兵隊が有名だ。奇兵隊が兵士を採用するにあたり、身分を問わずとしたのは、右に述べたような意味で、本来の身分を無視する必要があったためである。毛利家では正規の家臣団も同様の隊組織に改変し、慶応二年（一八六六）の幕長（第二次征長）戦争では、実戦の場でその有効性を実証した。これを契機として、諸大名家も西洋式隊組織を急速に取り入れ、一年半後の戊辰戦争の頃には、ほぼすべてが銃砲装備の西洋式軍隊に編成替えされていたのである。

三　内戦と外交

日本と欧米諸国が交渉を持つようになった最初は、嘉永六年（一八五三）ペリー来航と、それに続く翌年の和親条約の締結である。和親条約は、米露英蘭四ヵ国との間に結ばれたが、これらは日本側から見れば、外国船が下田・函館二港へ寄港し、食糧・燃料の供給を受けることを、恩恵として許可したものに過ぎず、対等な関係に立つものではない。

いっぽう外国側から見れば和親条約は、とりあえず、通商条約を結ぶための最初の手がかりであった。実際、安政五年（一八五八）以降、米英露蘭仏の五ヵ国との間に修好通商条約が結ばれ、横浜・長崎を主要拠点として、欧米側の要求に基づいた自由貿易が開始された。この「自由」というのは、双方合意の文字通りの自由意志といった意味ではなく、欧米側にとっての市場拡大の自由といったほうが、むしろ正確である。

欧米では、十八世紀後半におけるイギリスのそれを代表として、すでに産業革命が進展し、工場で生産される製品は、それぞれの国内市場をあふれ出て、南アメリカ・アフリカ・インド・東南アジアなど、世界各地に進出していた。つまり、それら後進地域は、製品販売市場として、あるいはインド産綿花や中国産生糸に代表される原料の供給市場として、欧米産業資本の支配下に組み込まれつつあった。ペリーにしても同様だが、本国から日本に派遣される公使以下の外交官たちは、そのような産業資本の意向を現地において具体的に代弁する存在なのである。したがって、彼らが最も意を用いたのは、自国と日本との間の貿易環境を良好なものに築き上げ、それを好調に維持することだった。

別の言い方をすれば、欧米諸国にせよ、当時から常にすきあらば日本領土を奪おうと狙っていたわけではない。領土の侵略には軍事的にも、その後の経営にもコストがかかる。それに見合うだけの貿易利益を見込めない限り、引き合わない取引だ。世界資本主義がある程度の行き詰まりに達し、自国内の金融独占の成立とともに、他国に対する領土分割が、次の段階として本格化するのは、後の日露戦争(一九〇四〜〇五)以降であり、それを帝国主義段階と呼ぶ。

このような欧米諸国側の事情は、文久年間(一八六一〜六三)迄ならともかく、慶応期には日本側も呑み込むようになっていた。無勅許調印だった安政五ヵ国条約にも、慶応元年(一八六五)十月には、将軍家茂からの要請に基づき、天皇から勅許が与えられた。

慶応三年十二月九日(一八六八年一月三日)の王政復古政変によって成立した新政府も、外国側への対応には当初から慎重を期した。当時の欧米側を代表するのはイギリス公使パークスとフランス公使ロッシュである。パークスが薩長に対して友好的であったのに引き換え、ロッシュのほうは対抗上、徳川家を支援する態度を見せていたが、これはフランス本国政府の方針とは言えず、ロッシュの個人的な独走に近かった。なお、アメリカは南北戦争（一八六一〜六五）の影響で、対日外交からは後退した形になっている。

しかし、新政府にしても成立後、すぐに外国側との間に公式折衝を行なう余裕はなかった。ところが鳥羽・伏見の戦いで、政府側の勝利が確定した直後の、慶応四年正月十一日、神戸事件が起きた。開港したばかりの神戸で岡山藩兵と外国の水兵が衝突したのだ。この事件の解決交渉を兼ねて、政府は東久世通禧《みちとみ》を勅使として神戸に派遣し、列国公使団に、天皇が国政を親裁する体制になったことを通告した。さらに、十五日には国内に向け、「対外和親の詔」を発して、旧幕府が結んだ諸外国との条約を引き継ぐとともに、対外的には和親の方針をとることを表明したのである。

ついで二月十五日には、堺港の警備にあたっていた土佐藩兵が、上陸してきたフランス水兵に発砲し、十一名を殺害する事件を起こした。これは土佐藩の警備隊長が、対外和親に反発する姿勢を持っていたために生じたものだが、政府は土佐藩側に厳罰を指示し、藩士十一人が切腹する結果になった。これらの事件を経て、二月三十日から三月三日にかけ、フランス、オランダ、イギリス各国公使が御所に参内して天皇の謁見を受けた。いうまでもなく、天皇の外国人謁見は初めてのことだが、前年末から、外国側の信頼を得るための方策としてイギリス公使館が提案していたものだった。

先に触れたように、外国側の基本方針は良好な貿易環境の維持継続である。あえて内戦に介入するような危険を冒す必要はない。成立した新政府が、日本国内に安定をもたらし、自由貿易が維持されればそれで良い。パークス以下の公使団は、新政府をその期待に応えうるものとみなしたのであった。外国側の期待に沿えるかどうかに新政府の命運の、少なくとも一部がかかっていた。その意味からすれば、戊辰戦争はたしかに、当時の世界史の一環を形作っていたといえよう。

Ⅱ　造型される人物

第五章　将軍継嗣問題の実情

一　君主制と血統

一般に君主制は血統を以って、その正統性の証しとする。十五代続いた徳川将軍家もその例に洩れないが、征夷大将軍という職掌からいっても、男系でなければならなかった。しかし、生物学的に見て、一対の男女から男子が生まれ、無事に成人して直系を維持できる確率は、そう高くない。せいぜい、三〜四代が限度のようである。徳川家でも、初代家康、二代秀忠、三代家光までは無事に続いたが、家光の長子である四代家綱は幼い頃から病弱で、繁忙な政務にも耐えられず、実子もできないまま四十歳で急死してしまった。

世子《せいし》も定まっていなかったから、後継者選びは紛糾した。将軍に代って権力を振るっていたのは、「下馬《げば》将軍」の異名を持つ大老酒井忠清。酒井は京都から有栖川宮幸仁《ありすがわのみやゆきひと》親王を迎える秘策を練った。鎌倉将軍家の六代目宗尊《むねたか》親王の例にならった皇族将軍の構想である。この構想が実現していたら、酒井氏は執権北条氏のような立場に立ったかもしれない。

しかし、老中堀田正俊らの強硬な反対によって、五代目は家綱の弟（家光四男）で館林城主だった綱吉が継いで、家康の血統はかろうじて保たれた。しかし、綱吉も男子に恵まれず、甥（家光の孫）の甲府城主綱豊を養子にして跡を継がせた。六代家宣である。七代家継はその実子だが、わずか八歳で亡くなり、八代は紀州徳川家から吉宗が入った。その後、九代家重、十代家治と吉宗の直系が続く。家重はともかく、家治は頑健だったが、実子家基を十八歳で亡くしたまま、五十歳のとき心不全で急死した。

その世子にはすでに一橋家から家斉が入って定まっていた。一橋家（初代は吉宗四男宗尹《むねただ》）は、田安家（初代は次男宗武）とともに、吉宗が直系後継者の絶えたときに備えて興した家であり、家重が設けた清水家とあわせて、御三卿と呼ばれる。十一代を継いだ家斉の正室は薩摩領主の外様大名、島津重豪《しげひで》の娘茂姫（形式上は摂家筆頭、近衛家の養女）である。この婚儀は、家斉がまだ一橋家に居た少年時代に整えられたものだが、家斉が徳川宗家《そうけ》を継ぐことになって、茂姫も横滑りのような形で御台所《みだいどころ》の地位に就いた。のちの広大院である。十三代家定の正室となる天璋院篤姫から見れば先例にあたるが、大名の娘が将軍家の正室に入るというのは、この広大院茂姫が最初であり、言うまでもなく異例のことであった。

さらに家斉は精力絶倫の人物で、側室十六人を抱え、生涯に五十人以上の子女をもうけた。茂姫との間に生れたのは、男子一人だけでしかも早世してしまったが、多くの子供たちは茂姫のもとで育てられた。のちの十二代家慶もその一人である。

さかのぼってみれば、すでに八代吉宗の代に、島津家と徳川宗家《そうけ》との間には縁戚関係が結ばれていた。島津家二十二代継豊の正室に五代綱吉の養女、竹姫（浄岸院）が迎えられていたのである。その実績に加えて、茂姫が御台所として、大奥という徳川将軍家の最深部に入り込んだのだから、島津家と徳川宗家との血縁はさらに濃いものになった。

しかし、頑健そのもののような家斉も老衰には勝てず、天保十二年（一八四一）正月、六十九歳で世を去った。すでに四年前、家斉隠居により将軍の座を継いでいた家慶は、家斉死去のときに、もう四十九歳になっていた。その十二年後、嘉永六年（一八五三）六月にペリーが浦賀にやってきたとき、家慶は重病の床に臥し、ペリーが去って十日後の六月二十二日に亡くなった。

世子は四男の家定（兄三人は早世）。生母は側室で旗本跡部《あとべ》正寧《まさやす》の娘お美津の方（本寿院）である。文政七年（一八二四）四月生まれだから、将軍になった頃は三十歳の壮年だが、気の毒なことに、これから激動の時期を迎えようという時代の将軍にふさわしいとはいえなかった。

家定は幼い頃から病気がちだったが、十七歳のときに重い天然痘をわずらい、満面に痘痕が残って容貌が醜くなったうえ、俗に言う「癇症」で日常の挙措動作も尋常でなく、目もとや口もとが痙攣し、しゃべる言葉も滑らかではなかった。本人も自分のそのような特徴を恥じて、人前に出ることを嫌うような有様だった。

歴史作家で専門医でもある篠田達明氏は、家定のこのような症状について、「生れるときの仮死や黄疸、あるいは乳幼児期、高熱を発してその後遺症により脳性麻痺をおこしたのではないか」と推測している(『徳川将軍家十五代のカルテ』)。たしかに運動機能に障害があったことは間違いないが、知能は正常と見てよい。

しかし、体質壮健とはほど遠く、子供にも恵まれなかった。すでに天保十二年(一八四一)、十八歳で摂家鷹司政熙の娘任子を正室に迎えたが、任子は嘉永元年(一八四八)に亡くなったため、翌嘉永二年に同じく摂家の一条忠良の娘寿明姫を迎えるが、これも翌年には失ってしまった。そのため、さきの広大院の先例を踏まえ、島津家から正室を迎えようという話が大奥あたりから持ち上がるのだが、ここでは深く立ち入らない。いずれにしても将軍本人とその夫人が、この状態では、後継者問題が早くから取りざたされるのは当然の成り行きだった。

二　一橋党と南紀党

実子の生まれる見込みがない以上、世子には養子を迎えるしかないが、その候補者は二人いた。一人は紀州徳川家十三代当主の慶福《よしとみ》。血統から見れば、最有力候補である。というのも、紀州家は十一代を清水家(初代は家重の次男重好)から入った斉順《なりゆき》が継いでいたが、斉順は宗家十一代家斉の実子だから、その子である慶福(紀州家十二代斉彊《なりかつ》は斉順の実弟)は、宗家十二代家慶の甥、つまり家定から見れば従弟にあたる。いずれも吉宗から数えて六代目の子孫である。つまり、徳川家は八代吉宗以降、水戸家を除き、紀州家の血統で占められ、さらに十一代家斉以降は正室広大院を通じて、島津家の縁戚につながるという構造を持っていたのである。

しかし、慶福には大きな難点があった。それは年齢が幼いことで、嘉永六年当時わずか六歳である。世子といっても、単なる跡継ぎではなく、家定の補佐ないし代理の役割が期待されているのだから、六歳の幼児ではつとまらない。

これに代わる候補者は、水戸徳川家から出て弘化四年（一八四七）、一橋家を継いでいた慶喜である。当時十七歳、幼少の頃から英明の誉れが高く、また身体壮健で容姿も整っていた。どこにも文句のつけようがない候補者で、家慶自身が生前に、慶喜を家定の世子にするつもりで一橋家を継がせたとさえ言われる。

ただし、水戸家は徳川宗家と血縁が絶えていた。加えて実父で水戸家の隠居斉昭は、ことに大奥での評判がひどく悪かった。それはかつて斉昭が天保年間に、大奥の財政緊縮をはかって贅沢振りを取り締まろうとしたためという。世子選びといった場面では、大奥の発言力が強く働くが、正室のいない現状では家定の生母本寿院《ほんじゅいん》の力がとくにものを言った。

この状況の下で、継嗣問題に最も早くから活動を始めたのは、家門（徳川家の血縁で松平氏を名乗る家）筆頭の越前松平家当主、慶永（春嶽）である。家臣の中根雪江が著した『昨夢紀事』によると、慶永はすでに家慶が没した直後の嘉永六年（一八五三）七月、大名総登城が行なわれた際、継嗣に慶喜をあてる件について島津斉彬《なりあきら》と城中で密談を交わし、斉彬も賛成したという。ただし実際には、この時期に斉彬は鹿児島に帰国していたから、密談することはありえず、その点は『昨夢紀事』の書き誤りだが、慶永や斉彬が、この問題に大きな関心を持っていたことは間違いない。

時の老中首座は備後福山城主の阿部正弘で、慶永は阿部にも直接、そのことを伝えた。開明的なことで知られる阿部は、話の内容は了解したが、ことは重大であり、まだ時期が早いので、他言なさらぬようにと答えた。ちなみに阿部と将軍家定の間はしっくりいっていない。阿部は家定の将軍襲職直後から、政局動向について真相を知らせず、家定を政治の圏外に置いていたという（母利美和『井伊直弼』）。ただし、それが、家定に政治的な能力が欠けていたためと見るのは早計であり、問題の根はもっと深いところにある。この点は、また後に触れよう。

右のような慶喜擁立を図る勢力を一橋党と呼ぶなら、反対に紀州慶福を推す勢力は南紀党である。後者においても、同じ頃から井伊直弼・老中松平乗全《のりやす》らが大きな関心を寄せ始めていた。とくに井伊家は譜代の重鎮、溜詰《たまりづめ》筆頭である。

しかし、安政元年（一八五四）三月、ペリーが再び来航して日米和親条約が締結されると、継嗣問題もひとまず沈静化した。この和親条約は英露蘭との間にも結ばれるが、日本側の認識では欧米夷狄に下田・函（箱）館両港への寄港を許し、食料薪水の供給も認めるという恩恵的な措置を施したものととらえられており、「国交」を結んだものとは理解されていない。期限も定められていないから、少なくとも当面のところ、欧米夷狄との関係は安定したと受け止められた。そのために、継嗣問題についても、当初の切迫感が薄れたのである。

ところがそれから二年後、安政三年七月になると、継嗣問題は再燃する。アメリカ駐日総領事としてタウンゼント・ハリスが下田に上陸して領事館を構え、本格的な通商条約締結交渉に入ることを要求するようになったためである。ここにいたって継嗣問題は、外交政策の確立とあいまって、国内政治体制の再編に関わる重要な政治課題という様相を示し始めた。

三　構造的な党派対立

さて、ここで一橋党・南紀党の性格を整理しておこう。前者の構成メンバーは、まず松平慶永・島津斉彬・土佐の山内豊信(容堂)・宇和島の伊達宗城、それに水戸斉昭らで、彼らは親藩(三家・家門)及び外様国持大名である。それに海防掛目付岩瀬忠震《ただなり》・海防掛勘定奉行川路聖謨《としあきら》らが加わる。彼らは徳川家の直臣だが、万石以下の旗本層である。つまり、その全体は親藩・外様・旗本の三者連合であった。彼らは徳川政権の現体制のもとでは、政権中枢に参加できない立場にあった。その一党は慶喜を世子から、さらに将軍に据えることにより、みずからが政権中枢に参加できるような体制作りを展望していたのだった。

これに対し、南紀党の主体は、井伊直弼を筆頭とする譜代大名である。彼らは大老・老中・若年寄・所司代・寺社奉行などの重職に就く資格を持ち、現政権の中枢を担う部分であった。その点は、本寿院(家定の生母)を事実上の支配者とする大奥も同様である。彼らの論理からすれば、将軍は正しい血統が続いていさえすれば、たとえ少年であっても、また政治的な能力に乏しくとも差し支えないのである。

こうしてみると、両党の対立は、単なる世継ぎ争いではなく、政治体制の転換をめぐる構造的な党派対立であったといえる。さらに、通商条約締結をめぐる外交問題について、一橋党は、すでに現今の国際情勢を踏まえて、欧米型の自由貿易体制へ日本が参入することを是認していた。いっぽうの南紀党は、天子統仁《おさひと》(孝明天皇)の意向をも汲んで、欧米夷狄との交易は望まないという方針を貫いていた。両党の対立は、この点については、外交をめぐる政策方針の対立でもあった。

両党の中間にあって、対立の緩衝地帯となり、調停者的な役割を担っていたのが、老中阿部正弘である。阿部家はむろん譜代大名だが、正弘個人は松平慶永や島津斉彬と近く、水戸斉昭とも良好な関係を保っていた。先に触れたように、阿部が家定を疎外していたのは、譜代大名が家定を通じて政局に容喙《ようかい》し、政策対立をさらに増幅させる結果を招くことを警戒していたためであろう。そう考えれば、家定「暗愚」説は、阿部の容認のもとで流布《るふ》させられていた可能性がある。「暗愚」であればあるほど、家定疎外について名分が立つからである。

その阿部正弘が三十九歳の若さで急死した。安政四年六月のことであり、死因は肝臓癌という。跡を継いだのは老中堀田正睦《まさよし》だが、堀田に阿部ほどの調整の手腕はない。緩衝地帯を失って、一橋・南紀の両党派対立は一気に表面化することになる。

もあった。

四　家定と直弼

阿部亡き後、堀田はハリスの望んでいた将軍との謁見を実現させた。安政四年十月二十一日、家定は外国使節を謁見するという、歴史的な儀礼を大過なくやりとげている。それは家定が政治の場に登場する画期であり、同時に、徳川政権が日本国政府の立場で通商条約の締結交渉に入るという宣言でもあった。

その後、締結交渉全権に任命された岩瀬忠震・井上清直（下田奉行。川路聖謨の実弟）とハリスとの間で交渉が進み、同年末には内容がまとまった。翌安政五年（一八五八）正月、堀田正睦はみずから岩瀬・川路とともに条約案を携え、天子（孝明天皇）の勅許を得るため上京の途についた。

その上京直前、堀田は松平忠固《ただかた》はじめ老中一同とともに家定の御前で、将軍継嗣についても内意を伺っていた。これより先、十月には松平慶永、十二月には島津斉彬が建白を呈し、慶喜を継嗣と決定すべきことを唱えていたから、継嗣問題は既におおやけの問題になっている。このとき家定は明快に、「右はかれこれ申し立て候者どもこれ有り候とも、一橋にては決して相成らざる義、御先々代様（家斉）御続きも御近きの紀家（慶福）と兼ねて御心に御取り極め置かれ候」旨を答えた（安政五年二月二十六日付、長野主膳宛て井伊直弼書状。『井伊家史料』五）。継嗣問題は事実上この時点で、家定自身の判断により、決着がついていたのである。

この情報は一橋党にまったく洩れていない。それどころか、松平慶永は腹心の橋本左内を上京させ、内大臣三条実万《さねつむ》(土佐山内家の縁戚)をはじめとする公家に、慶喜を継嗣とするよう示唆する内勅を降下させる運動を行なっていた。いわゆる京都手入れである。

また、島津斉彬はこれも腹心の西郷吉之助(隆盛)を安政四年末には江戸に下向させ、大奥を通じた工作を命じていた。いうまでもなく、一年前の安政三年十二月には、斉彬の娘(実際は一門、島津忠剛娘)篤姫が家定の御台所として入輿《じゅよ》していた。西郷は、島津家から篤姫に付いて大奥に入った老女幾島を通じて、篤姫から直接に家定を説得させることを試みた。このような動きに反発していたのは家定生母の本寿院である。彼女は、家定が五十歳になるまで世子を決める必要はないと公言していた。側室を含めて、実子誕生に望みをつないでいたのだろう。篤姫と家定の夫婦仲は決して悪くなかったらしいが、入輿してから一年そこそこの篤姫にとって、本寿院は手ごわすぎる相手だった。

一橋党の猛烈な運動に対して、南紀党も手をこまねいていたわけではない。かつて井伊直弼の国学師匠であり、家臣に取り立てられていた長野主膳が京都に派遣され、関白九条尚忠(九条家は井伊家の縁戚)のもとに入説し、九条家臣島田左近と気脈を通じて、一橋党の運動を妨害し、あわせて堀田による条約勅許要請の援護活動を繰り広げていた。

しかし、条約勅許要請はもののみごとに失敗した。当初、九条関白が用意した条約許容の案は、岩倉具視ら下級公家を含む廷臣多数の反対によって覆《くつがえ》された。三月二十日、堀田に降された勅書には、通商条約は国体を損なう恐れがあり、将軍からの要請だけでは許可できない、三家以下、諸大名へも将軍から命を下し、繰り返し衆議を尽くしたうえで言上するように、とあった。勅許は保留されたのである。堀田はやむをえず、この勅書を携えて四月二十日、江戸に帰着した。

この間、継嗣問題について一橋党の足並みはかなり乱れている。最も馬脚を現した形になったのは松平慶永だった。慶永は斉彬から、近衛家にあて内勅降下を要請したという知らせを受けると、二月一日、その事実を老中松平忠固に洗いざらい打ち明けてしまった。共謀の罪に問われることを恐れたようである。さらに二月三十日には忠固と老中久世広周に会って、西郷による大奥工作の事実をも告げている。忠固と久世を同志に近いと勘違いしたのかもしれないが、工作の進め方としては粗雑であろう。あるいは一橋党の真のリーダーは阿部正弘で、司令塔を失ったためにに統一がとれなくなったのかもしれない。

堀田が江戸に帰りついて三日後、四月二十三日、家定は井伊直弼を大老に任じた。大老は常置の職ではなく、これが任命されることは、すなわち徳川将軍家にとって非常事態宣言である。阿部の死後、政治の場に登場した家定は、ついに最重要人事の決断を下したのであった。

その後、家定と直弼の関係はきわめて緊密である。直弼は家定を、「御賢明にて御仁憐《ごじんれん》の御方」と評し、家定も直弼に全幅の信頼を寄せた。実際に、井伊家の『公用方秘録』からは、この時期に家定が継嗣の公表や老中人事について、積極的に発言している様子をうかがえる。その結果、継嗣を慶福（のち家茂と改名）とすることは五月一日内定、六月一日から二十五日までに、三家以下諸大名に公表された。将軍の跡継ぎは将軍自身が決めたのである。

しかし、家定は早くから重症の脚気《かっけ》を発症していた。五月頃には脚に浮腫が出ていたという。継嗣の決定も、自身の体調を考え合わせた措置だったのかも知れない。家定の病状が夏の暑さで悪化するなかの六月十九日、大老井伊は勅許を得ないまま日米修好通商条約への調印を余儀なくされた。一橋党はこれを無勅許調印と糾弾し、政治対立は激化の一途をたどる。悲運の将軍十三代家定が、三十五歳で「脚気衝心」のため没したのは七月六日。寝込んでからわずか三日後のことであった。

第六章　江戸無血開城の真相―天璋院篤姫―

一　篤姫と和宮

慶応三年（一八六七）末に薩摩をはじめ、王政復古を策する勢力が最終的に徳川家との対決姿勢を強めると、天璋院篤姫と和宮《かずのみや》は、似たような境遇に置かれることになった。もともと天璋院は安政三年（一八五六）、将軍の跡継ぎ問題が表面化したときに、一橋慶喜が継嗣《けいし》となるように、大奥を通じた政治工作を行なうべき使命を帯びて、島津斉彬《なりあきら》によって十三代将軍家定の御台所に送り込まれた経緯があった。その工作も実を結ばず、紀州慶福《よしとみ》（のち家茂と改名）が将軍に就いた後、孝明天皇の妹だった和宮は、公武一和を実現するために十四代家茂の御台所として降嫁したものだった。その際、孝明天皇は将軍が七ないし十年後に蛮夷拒絶を実行することを条件としていたが、慶応元年（一八六五）十月の通商条約勅許によって、すでに攘夷実行の可能性は消滅していた。つまり、二人の入輿は、直接の狙いが実現しないまま、ともに夫である将軍に先立たれるという悲運に見舞われていたのである。

それに加えて、慶応三年十二月九日には、ついに王政復古の大号令が発せられて、摂政関白をはじめとする公家側の諸制度ならびに将軍以下の武家側諸制度がすべて廃止されるという政変が起きた。この政変を中心となって画策したのは薩摩および、それと結んだ中山忠能・岩倉具視らの公家グループだった。徳川家からみれば、旧政権担当者としての既得権をすべて奪われる状態に追い込まれたのである。ここに至って、天璋院と和宮は、徳川家の先々代・先代の正室でありながら、ともに敵方の身内でもあるという困難な立場に立たされる結果になった。

その二人は、和宮の入輿当時、仲が悪かったという。和宮の輿入れのとき、天璋院宛てのみやげ物の上書きに、「天璋院へ」とだけあって敬称が付されていなかった。いくら宮様だからといって徳川家に嫁ぐ以上は、姑に対して書き捨ての法はない、と御付の者が騒いだという話を勝海舟が伝えている。個人的に仲が悪かったのではなく、それぞれの周囲が張り合ったのだというのが、海舟の説明である。もっとも、形式的に義理の母とその嫁とはいっても、天璋院は天保六年(一八三五)十二月生れ、和宮は弘化三年(一八四六)閏五月生れで十一歳しか違わない。慶応三年当時でも三十三歳と二十二歳で、少し歳の離れた姉妹という感じだから、張り合うような感じになるのも自然かもしれない。

二　慶喜、「朝敵」となる

ともあれ、徳川家にとって、状況は急激に悪化する。政変の直後、前将軍の徳川慶喜は前京都守護職会津容保《かたもり》・前京都所司代桑名定敬《さだあき》らを引き連れて大坂城に引き上げ、家臣たちの軽挙を戒めていた。その間に、王政復古政府に参加している越前の松平春嶽・尾張の徳川慶勝の働きで、事態は落ち着きを見せ、慶喜を新政府の議定に登用することが内定するところにまで至った。ところが、慶喜入京の先駆けを勤めるという名目で京都に入ろうとした大目付滝川具挙《ともたか》らの率いる部隊が、鳥羽・伏見で、待ち受ける薩摩・長州部隊と戦火を交え、敗北したことによって、すべては水の泡となった。慶喜は正二位内大臣の官位を奪われ、「朝敵」となった。

その慶喜一行は、慶応四年（一八六八）正月十一日、軍艦開陽丸で江戸に帰り着いた。このとき慶喜に呼び出された海舟は、品川海岸に近い海軍局まで出迎えに出た。さすがに印象的な光景だったらしく、海舟は晩年に至っても、その情景を鮮明に語っている（『海舟語録』講談社版『勝海舟全集20』）。

みんなは海軍局の所へ集って、火を焚いて居た。慶喜公は洋服で、刀を肩からコウかけて居られた。おれはお辞儀も何もしない。頭から、みなにソウ言うた。「アナタ方、何ということだ。これだから、私が言わないことじゃあない。もうコウなってから、どうなさるつもりだ」とひどく言った。「上様の前だから」と人が注意したが、聞かぬ風をして、十分言った。刀をコウ脇に抱えて大層ののしった。おれを切ってでもしまうかと思ったら、誰も誰も、青菜のようで、少しも勇気はない。かくまで弱って居るかと、おれは涙のこぼれるほど歎息したよ。

しかし慶喜は、海舟が言うほど、青菜に塩の状態でしょげ返っていたわけではない。海舟を一番に呼びつけたのも、薩摩・長州側に通じるパイプとして、海舟が最も適任だったからである。慶喜はその後、海舟を正月十七日、海軍奉行並に復帰させ、さらに六日後には陸軍総裁に任じた。その一方で、徹底抗戦を唱える勘定奉行の小栗忠順らを罷免して、和平恭順の方針を固め、海舟に新政府側との交渉を委ねた。

天璋院との関係に目を移すと、慶喜はもともと天璋院と折り合いが悪かった。慶喜が江戸に帰ってきたときも、天璋院は会おうともしなかったという。いずれにしても薩摩の出である天璋院が、薩摩との有力パイプであることはいうまでもない。

新政府にとっておろそかにできないのは、天璋院よりもまず和宮のほうである。先代の天皇の実妹で、当代の叔母に当たる女性を、「朝敵」の家の人物だからといって、成り行き任せにするわけにはいかない。

このため、すでに前年十二月二十一日、新政府でも、万一不慮の事態が起きたとき、和宮を保護し、帰京できるように取り計らうべきことを、海舟と大久保忠寛（一翁）とに命じる措置をとっていた。その内命の書付は、ちょうど帰京していた和宮の侍女玉島に伝えられ、和宮付きの医師中山曄《あき》を通じて、海舟に渡すよう命じられた（武部敏夫『和宮』）。玉島が江戸に戻り、海舟が実際にその書付を渡されたのは、正月二十二日という。和宮自身はいったん嫁いだからには徳川家の人間であるとして、帰京の件を承諾しなかったと伝えられるが、徳川家から見れば、和宮は新政府との間に直接繋がれたパイプであり、また海舟はそのパイプの先端を操るような立場になった。それも、新政府内において、薩摩側の人物が、海舟の人柄だけでなく、徳川家内部でのその立場や慶喜との関係を知り抜いていたためであろう。

正月十五日、慶喜は和宮と面会したが、慶喜が十七日付で松平春嶽に、自身の救済を依頼した書状によれば、和宮は現在の状況について深く心配していたという。和宮はもとより、天璋院も、徳川家の救済の道を切り開く上で、大切な切り札になっていることを、慶喜も海舟も、すでに十分すぎるほど分かっていた。慶喜と仲が悪い天璋院を、あくまでも徳川の味方に付くように取り込むことも、海舟の役廻りである。海舟の語るところを聞いてみよう（『海舟語録』）。

慶喜殿が（江戸に）帰られた時に、天璋院を薩摩へ還すという説があったので、（天璋院は）大変に不平で、「何の罪があって、里へお還しになるか、一歩でもココは出ません、もし無理にお出しになれば自害する」と言うので、昼夜、懐剣を離さない。同じ年のお附きが六人あったが、それがまた、みな一緒に自害するというので、少しも手出しが出来ん。誰が行って、なんと言っても、聞かれない、なかなかの議論で、どうにも、こうにも仕方がないというのサ。それじゃあ、おれが行こうと言って、まず通じて置いて貰った。すると、その頃、おれは名代《なだい》の荒紙破りの評判で、恐ろしいものとなって居たから、どんな事をするかと、みな心配して居たそうなよ。それで次の日、出てゆくと、女中がずっと並んで居て、座布団が向うにあるが、天璋院が見えない。「どうかなさいましたか」と言うと、みな黙って居たが、暫くして、女中の中から一人出て来たよ。それが天璋院サ。かくれて様子を見たものだネ。

三十年後の談話で、多少は自慢話の気配がありそうだが、これによると、海舟は天璋院とは、このときが初対面で、そのほうが自然である。海舟は天璋院に向かい、これまで他のものが、色々なことを申しあげただろうが、それはみなウソである、「お女中の事だから、ご心配をおさせ申すまい」ということから出たものだ、と前置きをして、現在の状況を詳しく説明して聞かせた。「何もかも明白に言ったよ。なかなか強情で、容易には服さないが、何しろわかっているから、ズンズン聞いたよ（中略）トウトウ三日かかってようやく納得さ」。海舟の説得に応じて、天璋院は自分の立場と、それに応じてとるべき行動を理解した。聡明な女性だったのである。ちなみに海舟は明治になってから後、天璋院とは個人的に親しい関係を続けている。

同じ頃、海舟は和宮とも会って話し合った。「和宮はモ少し上品で、それで利口なのだ」という。海舟は、こうして二人と、確実な信頼関係を築いた。海舟が新政府側とのパイプを確実なものにしている一方で、慶喜は二月十二日、江戸城を立ち退き、上野寛永寺の大慈院に入って恭順の意思を示した。

三　篤姫の嘆願書

ただし、天璋院と和宮を通じたパイプは、いわば裏側のそれである。表側の交渉は、総督府参謀の西郷隆盛との間で行なわれる。海舟が西郷と接触しようとし始めたのは、二月十八日ころだった。それまでにも、越前藩を通じて、慶喜の寛大処分を願う嘆願書などを送っているのだが、目に見えるような効果は上がっていない。海舟は、薩摩の華川某が上京するという情報を得て、西郷と海江田《かえだ》武次(信義)に宛てた書面を華川に託したが、実際に西郷の元に届いたかどうかは確認できない。

三月五日、山岡鉄舟が、薩摩の益満《ますみつ》休之助をともなって、海舟の許を訪れた。益満は昨年十二月、徳川方が江戸の薩摩屋敷を焼討ちした際、捕虜になっていた人物で、処刑されかかっていたものを海舟が命乞いをして、身柄を確保していたのである。山岡は、その益満を連れ、自分が使者となって、駿府まで来ている西郷のもとに行くことを申し出た。海舟と山岡は、このときが初対面だったが、海舟は「一見、その人となりに感ず」という(「慶応四戊辰日記」)。これを良策と見た海舟は、また西郷宛ての書状を書いたが、内容は先に華川に託したものとほとんど同じである。

三月十日、山岡が戻って来た。すでに官軍部隊は神奈川を過ぎて、江戸に近い六郷《ろくごう》のあたりまで迫っていた。山岡は、西郷に会って「君上(慶喜)の御意を達し、かつ総督府の御内書、御所置の箇条書き」を持って帰ってきた。海舟は喜んで日記に、「ああ山岡氏沈勇にして、その識高く、よく君上

図8　赤坂氷川神社北西（現東京都港区赤坂六丁目）の勝海舟寓居跡
（著者撮影）

の英意を演説して残す所なし、もっとも以て敬服するに堪えたり」と記している（同前）。

　この山岡の働きによって、ようやく総督府との具体的な交渉の手がかりが得られた。総督府が示した条件は、おおむね次のようなものである。

　まず、最も重要な慶喜の処遇については、備前藩（岡山池田家）へ御預けとする事、ついで江戸城を明け渡す事、軍艦や兵器を一切引き渡す事など七ヵ条で、これらが実行されるならば徳川氏の家名存続など寛典の処置をとる、というものである。山岡は会談で、慶喜の備前藩御預けだけは承服できないと主張し、西郷もそれを了解したという。総督府はすでに、三月十五日を以って江戸城総攻撃との指令を従軍各部隊に下していた。

山岡帰府の翌十一日、七人の女中と五人の武士が江戸城を出て、東海道を西へ向かった。このとき彼らが携えていた書状が、官軍隊長（西郷）に宛てた天璋院の嘆願書だったという（寺尾美保『天璋院篤姫』）。この書状の内容や、それが与えた効果などについての検討は今後の課題であるが、それを読んだ西郷が、徳川方の恭順姿勢について、確かな手ごたえを感じ取ったであろうことは想像に難くない。内容そのものより、あの「強情」な天璋院を納得させるほどに、徳川方の姿勢は真剣なものと受け止められたはずである。使いの帰城は十三日だった。

四　高輪談判

この下工作が進む中で海舟は、十三日、西郷との会談のため、高輪《たかなわ》の薩摩屋敷に出かけた。さきに総督府から提示された徳川処分案については、前日までに若年寄の大久保忠寛（一翁）、川勝広運《ひろかず》、浅野氏祐、向山一履《かずのり》ら同僚と議論して、徳川家としての対案を準備してあるのだが、すぐには持ち出さなかった。西郷と会って、まず切り出したのは、和宮のことである（「慶応四戊辰日記」）。

後宮（和宮）の御進退、一朝不測の変を生ぜば、如何《いかん》ぞその御無事を保たしめ奉らんや。此の事、安きに似て、その実は甚だ難し。君ら熟慮して、その策を定められんには、我が輩もまた宜しく焦思して、その当否を量《はか》らんか。戦と不戦と、興と廃とに到りて、今日述《のぶ》る処にあらず。乞う、明日を以って決せんとすと云う。

もし、江戸城総攻撃となれば、和宮の身の安全も保ちがたい、よく考えて処分案の再検討をお願いしたい。そうすれば、我々もまた、考えるところがあるだろう。具体的な交渉は明日だ。

海舟は、このように述べて西郷の一番痛いところを衝いた。最も悪い言い方をすれば、和宮を人質に取ったのである。天璋院の場合は、嘆願書を送るという行動が意味を持ち、和宮は存在それ自体が効果を発揮する。ただし、むろん海舟はそれをことさらに強調するわけではない。ほのめかすところが交渉というもののポイントである。

翌日、再び西郷と会った海舟は、長広舌《ちょうこうぜつ》を振るった。

「大政返上のうえは、我が江城下は、皇国の首府なり（中略）今日天下の首府にありて、我が（徳川）家の興廃を憂いて一戦、我が国民を殺さんことは、寡君《かくん》（慶喜）決して為さざるところ。ただ希《ねが》う所、御所置公平至当を仰がば、上天に恥じる所なく、朝威是より興起」するであろう。

昨日とは打って変わって真正面から、江戸で戦火を巻き起こすことの無意味さを説いた。それに加えて、処分案の徳川家としての対案を提示した。最大のポイントは、慶喜の処遇が、備前藩への御預けから、隠居のうえ、水戸表での謹慎に変わったことである。そのほかにも、城明け渡しについては、手続きが済み次第、田安家へ御預けになるように、また軍艦兵器の引き渡しは一部に留めることなど、総じて、先の総督府案から見れば、かなり緩やかな内容になっている。そもそも慶喜の処遇については、西郷にせよ、大久保利通にせよ、当初は死罪を当然と考えていたのだ。しかし海舟は、これを西郷が承知しなければ一戦やむなし、という構えなのである。

西郷はこれを承知した。さすがに一存では決められないので、と言いながらも、駿府にある総督府に持ち帰って返事をするが、それまで江戸城総攻撃は延期すると明言したのである。西郷はすぐ、傍らに控えていた隊長たちに、明日の総攻撃中止を命じた。海舟が江戸城に帰り着くころには、すでに官軍部隊の第一戦陣地は後退を始めていたという。恐ろしいほどの手回しの良さだが、あらかじめ用意されていたものと見るのはうがちすぎだろうか。ともあれ、この高輪談判で、江戸城総攻撃は事実上、回避されたのである。京都新政府からの正式回答が江戸城に勅使の手でもたらされたのは四月四日。若干の修正が加えられたほかは、海舟が提示した案の通りである。

四月十一日、江戸城が開城され、東海道先峰総督橋本実梁《さねやな》（和宮の義理の従兄）が入城した。天璋院と和宮は、その直前まで城内にとどまっていた。和宮が田安邸に引き取ったのは九日、天璋院が一橋邸に移ったのは、十日である。慶喜も開城の条件に従って、寛永寺を出て水戸へ向かった。

しかし、徳川家の大名家としての今後のあり方までが決まったわけではない。それが具体化するのは、開城から一ヵ月以上も経って、閏四月も下旬になってからである。それまでの間に、徳川家臣のなかでも開城条件に不満を持った連中は、彰義隊と称して、上野の山に立てこもっていた。新政府に対する、江戸での最後の抵抗勢力である。緊張状態が続くなかで、閏四月二十九日、田安亀之助（家達）に徳川家を継がせる旨が公表された。

五月十五日、江戸に下っていた軍務官判事大村益次郎の作戦指揮のもと、彰義隊はただ一日の戦闘で掃討された。この戦いの後、新政府はようやく、徳川家の新領地を駿府七十万石と公表した。徳川家の旧領を四百万石と見れば、実に八割以上の削減率である。しかし、これに武力を以って抵抗する手段は、もう残されていない。

跡を継いだ家達《いえさと》は、いったん駿府に移ったものの、明治四年（一八七一）七月の廃藩置県とともに東京に戻った。まだ九歳である。その幼い家達を育て上げたのは、実に天璋院だった。旧徳川家の最後と明治の新しい徳川家の誕生を見届けて、天璋院が世を去ったのは明治十六年（一八八三）十一月のことであった。享年四十九歳。墓は寛永寺の家定の墓の隣にある。

第七章　龍馬と薩長盟約

はじめに

坂本龍馬（一八三五～六七）は、日本史上の人物の中でも、とりわけ有名である。歴史に興味のない人でも、知らない人はない、というくらいであろう。私に言わせれば、そのこと自体が、少し不思議だ。龍馬は、いったい何をして、また、どのようにして、それほど有名になったのであろうか。

後者の問題は、一応別問題として、ここでは、龍馬がしたことで、最も重要と思われる薩長盟約（同盟）の成立と呼ばれる事件について、少し踏み込んで考えてみることにしよう。先回りしておけば、一介の浪士の身で、犬猿の仲にあった薩長両藩の間を仲介し、討幕派の成立を決定付けた、とドラマや小説では描かれることが多いようだが、現実はそれほど単純ではない。こうした問題を考えてみることで、歴史学とは、どのような学問か、を理解する手がかりにしてもらえればと、願っている。

一　木戸の書簡

1　木戸は大坂から書簡を書いた

慶応二年（一八六六）正月二十三日、京都から大坂の土佐堀川に沿う（中之島の南側）薩摩邸に下っていた木戸寛治《かんじ》（孝允《たかよし》）は、伏見にいるはずの龍馬に宛てて書簡（手紙）を書いた。前年十二月、薩摩側の求めに応じて山口から上京していた木戸は、用件を終えて帰国の途中である。この当時はちょうど、第二次長州征伐の準備が進展しつつあった。開戦の可能性を踏まえ、薩摩側が長州側との直接会談を望み、黒田了介（清隆）を派遣して、代表の上京を要請し、木戸はこれに応じて上京していたのである。

京都で行なわれた木戸と西郷吉之助（隆盛）・小松帯刀との会談の模様は、未だに不明の部分が多く残る。分かる限りでいえば、薩摩は長州に対し、政治的・軍事的な支援を約束し、さらに今後の政治活動を進めるにあたって相互に提携することで合意した。

その合意について、明治時代以降の歴史的な解釈のうえでは、「薩長連合」や「薩長同盟」と呼ばれるようになり、また性格的には、武力討幕を目的とする軍事同盟といわれることが多くなった。それに応じて龍馬の役割も、それまで反目しあっていた薩長を結びつけ、討幕勢力の確立を決定付けた、維新の立役者といったイメージで描かれてきた。人物論という観点から見るかぎり、木戸・西郷・龍馬の役割は、それぞれに簡潔明瞭で、分かりやすいものである。しかし、こうした理解は、半分くらいは物語という他ない。

2　史料学的な解釈

話を、先の正月二十三日付龍馬宛て木戸書簡に戻そう。京都会談の模様を、全体として、おぼろげながらうかがえる史料は、現在に至るまで、実にこの木戸書簡および木戸の回想録(後述)だけである。とくに一次史料(慶応二年時点で当事者によって記された手紙や日記など)としては、この書簡しかない。したがって、この書簡についての史料学的な解釈は、たいへん重要である。

その原本は、宮内庁書陵部所蔵「木戸家文書」中に残されている。かつては、日本史籍協会叢書『木戸孝允文書』二(同協会、昭和五年刊)などに収められた翻刻(活字化されたもの)版でしか見ることができなかった。しかし、最近では情報開示が進む社会情勢の変化と、写真印刷技術の向上とがあいまって、博物館特別展の図録に鮮明なカラー版で全文が掲載され、あたかも実物を見るように点検できるまでに至った。

写真版掲載図録には、『黎明館開館二〇周年記念企画特別展　激動の明治維新』(鹿児島県歴史資料センター黎明館　二〇〇三年)、京都国立博物館『特別展覧会　龍馬の翔けた時代―その生涯と激動の幕末―』(同館　二〇〇五年)、『高知県立坂本龍馬記念館ほか特別展　坂本龍馬・中岡慎太郎展』(同館ほか二〇〇七年)がある。京博版が大判で、最も読みやすい。

この書簡は、サイズから見ても、縦一六・三センチメートル、横三八五・九センチメートル、字数にして二千字を超えるという長大なものである。木戸の筆跡は流麗であるが、この書簡も文字通り墨痕鮮やか、というにふさわしく、ここからも、木戸が、この書簡をきわめて重要なものと位置づけていたことがうかがえる。

二　木戸書簡の意味するもの

1　内容の検討

いま述べたことは、木戸書簡を外側から見ての性格付けに関わる問題である。続いて、意味内容の検討に移ろう。書簡としての用件は、次の二点に要約できる。第一に、京都で小松や西郷との間に、「皇国之興復ニも相係り候大事件」に関する合意が成立したので、明文化しておきたい（ここでの「大事件」は、現代語でいう出来事の意味ではなく、「案件」といった意味）。第二に、その案件は六ヵ条にまとめられると思うので、ここに記すから、もし「相違の廉《かど》御《ご》座《ざ》候《そうら》はば御添削」して送り返していただきたい。

木戸は、こう述べたうえで覚書として次の六ヵ条を書いた。ここでは、分かりやすくするため、私なりの解釈を踏まえて現代語で記しておく。

①　徳川方との間に第二次征長戦争が開戦した時は、薩摩はすぐさま二千余の兵を京都へ差し登し、ただいま在京の兵力と合同させ、大坂へも千程は配置して、京坂両所の兵力増強を図ること。

②　戦いが長州勝勢のとき、薩摩は朝廷に対し、きっと尽力の次第これあること。

③　万一、長州敗勢の場合でも半年や一年で壊滅することは決してないので、その間には薩摩は、朝廷に対し、きっと尽力の次第これあること。

④　開戦に至らず、このまま幕兵が江戸に戻る時は、薩摩はきっと朝廷へ申し上げ、すぐさま冤罪は朝廷より御免になるようきっと尽力のこと。

⑤　薩摩が在京坂兵力を増強のうえ、橋会桑等もただいまのごとくもったいなくも朝廷を擁したてまつり、正義を拒み、周旋尽力の道をさえぎり候時は、ついに決戦に及び候ほかないこと。

⑥　冤罪も御免のうえは、薩長双方誠心を以て相合し、皇国の御ために砕身尽力つかまつり候ことは申すに及ばず、いずれの道にしても今日より双方皇国の御ため皇威相輝き、御回復に立ち至り候を目途に誠心を尽くし、きっと尽力つかまつるべしとのこと。

実を言えば、この書簡の意味内容はたいへん分かりにくいものである。文章が難解なのではない。難解であっては覚書としても意味をなさないのだから、関係者の間では明快な文章だったはずである。実際、これを京都で受け取った龍馬は、一字の添削を加えることもなく、その紙背に、「表に御記しなされ候六条は、小西(小松・西郷)両氏及び老兄(木戸)・龍等も御同席にて談論せし所にて毛《もう》も相違これなく候」と二月五日付で記して返送した。

2　当たり前の大前提は書かれない

この書簡が分かりにくいのは、関係者の間では当たり前の大前提で、改めて断る必要もないことがらが、現代の人間に、まったく共有されていないせいだ。それは、遅くとも明治期後半になればそうであり、時代が下るにつれてますます分からなくなり、一九六〇年代以降、現代に至ると、専門研究者の間でさえ理解されなくなっていた。その点を説明しなければならない。

大きなポイントから順に追ってゆこう。第一に、②~⑤に見える「尽力」や「周旋尽力」の内容である。これは④⑥の「冤罪も御免」と対応する。これを解釈するには、この書簡だけをいくら読み込んでも無駄である。その説明に当たることは何も書かれていない。書かれていなくても当たり前に分かるからこそ、大前提なのである。したがって、ここでは、その点を補足してくれる傍証的な史料が必要だ。さらには当時の人々にとっては、改めて説明するまでもないほどの常識が必要であり、このほうがむしろ厄介である。

ともあれ、前者のほうから片付けよう。傍証にあたる史料は、日本史籍協会叢書『吉川経幹《つねまさ》周旋記』四(同協会、昭和二年刊)に収められている書簡類である。岩国吉川家は毛利家の事実上の分家だが(明治元年から岩国藩)、元治元年(一八六四)後半の第一次長州征伐以降、薩摩と接点を持ち、毛利本家との仲介連絡を担当していた。その事実も、ドラマの題材にならないせいか、早くから忘れ去られている。

そこに収められている史料内容の詳しい紹介は、ここでは省略するほかない。知りたい方は、拙著『明治維新と国家形成』（吉川弘文館　二〇〇〇年）を参照されたい。ここでは、結論だけを述べるが、つまりは元治元年（一八六四）七月の禁門の変以来、毛利家当主父子が官位停止《かんいちょうじ》の措置を受けていたことが根本の問題である。すなわち、当主慶親《よしちか》は天子から「従四位上《じゅしいのじょう》参議《さんぎ》左近衛権中将《さこのえごんのちゅうじょう》」の位階官職に叙任され、十二代将軍家慶から「松平大膳大夫《まつだいらだいぜんのだいぶ》」の称号と官途名及び片諱《へんき》「慶」字を許されていたのだが（世子定広は、従四位下左近衛権少将・松平長門守。「定」は十三代家定の片諱）、それらを停止または剥奪されてしまった。毛利家（その家中全体）にとって、その回復は絶対に必要だ。

3　官位停止《かんいちょうじ》の意味

この先こそ、当時の常識の範疇に入るが、こうした措置を受けることは、大名本人はもとより、その家中にとっても大問題である。江戸時代には、大名なら最低でも従五位下の位階に叙せられ、国守などの官途名を名乗るのが当然だ。江戸城中の儀礼の場などでも、その序列は位階によって定まる。それを停止されてしまうのは、武家にとって人格を否定されるのと同様で、つまり、大名としての公式資格の剥奪に当たる。具体的には、「松平大膳大夫」改め「毛利大膳」は、領外の公式の場に出席することはできず、表向きには一切の政治活動を封じられる。だからこそ毛利家は、当主父子はいうまでもなく、家臣の末に至るまで領外に出ることとさえ禁止の状態に追い込まれていたわけである。俗に「朝敵」の汚名を蒙る、ということの実態がこれだ。単なる形容ではない。

とにかく、この措置を解除してもらいたい、もともと禁門の変で官位停止を受けたこと自体が「冤《えん》罪《ざい》」だ。その「冤罪」を晴らすために、薩摩は「周旋尽力」してくれるはずだったではないか、というのが、実は木戸の最も言いたかったことなのである。

これまでの研究で、「尽力」や、はては「橋会桑」との「決戦」という言葉の意味が理解できずにいるのは、このような諸前提を踏まえていないためだ。

覚書②〜④の意味は、以上で理解してもらえると思う。木戸が書簡で、官位停止という言葉を一切用いていないのは、文字にするに忍びないことだからだ。さらにいえば、明治になって薩長の天下となったとき、長州はひたすら「朝敵」の前科を隠し、周囲もまた、その事実をあからさまに口にすることをはばかった。「周旋尽力」の意味も、次第に曖昧になる道理である。

覚書①⑤⑥の意味について見ておこう。ポイントは⑤の「橋会桑」との「決戦」である。すなわち、「周旋尽力」をさえぎっているのは、禁裏守衛総督一橋慶喜・京都守護職の会津藩主松平容保・京都所司代の桑名藩主松平定敬のトリオだ、というのは薩長に共通した認識である。このトリオのほうが将軍家茂や老中小笠原長行《ながみち》などより、天子統仁《おさひと》(孝明天皇)に近侍した立場にあると見ているし、おそらくそれは事実であろう。だから、あくまでも彼らが邪魔立てするようなら、薩長ともに武力を行使して、それを排除する事態もありうる。「決戦」とは、そのような意味だ。①では、その圧力をかけるため兵力増強を約している。また、⑥では、王政復古に向けた理念を確認したものだが、慶応二年に入る頃には、少なくとも西南諸大名勢力にとって、それは共通認識である。薩摩にしても、長州を有力大名勢力の仲間から脱落させるのは、政治の局面を前進させるうえでプラスにならないと判断している。だからこそ、その復権のために、「周旋尽力」を約束しているのだ。そもそも長州の味方は、この時点で薩摩だけではない。芸州浅野、鳥取・岡山の両池田、阿波の蜂須賀などは、少なくとも橋会桑よりも長州の肩を持つ立場だ。

三　龍馬がしたこと

龍馬に宛てた木戸書簡の内容を検討してきた。その六ヵ条に、内容から見て、武力討幕軍事同盟といった評価を下すのは、どう考えても無理である。それは具体的には、長州復権を活動の軸とする薩摩側の約束である。広くは、薩摩による長州に対する支援の表明であり、両者の提携と言える。

そういうことになると、龍馬の役割についての評価も、連動して変化してくる。それについて論ずる前に、木戸・西郷会談前後の政治情勢に触れておくことにしよう。西郷は、本心では、木戸が主張する長州「冤罪」論を認めてはいない。

西郷の本音は、次の通りである。官位停止を解除し、長州を復権させることには賛成だが、それには順序がある。当時の武家社会の秩序感覚からすれば、その家来たちが禁裏に向かって発砲するとい

図９　土佐藩邸跡（京都市中京区木屋町）と高瀬川
（著者撮影）

う不始末を仕出かした以上、毛利家当主は何らかの形で処分に付され、責任を取らねばならない。官位復旧は、そのあとである。以上も、当時の常識だ。

その処分案は将軍から天子に提示され、ようやく決定しつつあった。主な内容は、十万石の領地削減、当主父子は退隠、跡目は親戚から適任者を選んで継がせる、というものであり、正月上旬までに、京都・大坂の政界ではすでに知れ渡っていた。勅許が降りて、処分が正式に決定するのは正月二十二日である。

木戸・西郷会談は、その経過を踏まえて行なわれていた。西郷は、木戸に向かって、いったんは処分を受け入れるように求め、木戸は木戸で、その要請を突っぱねていたのである。西郷も粘ったが、ついに折れ、二十二日までに木戸の言い分を全面的に認めて、長州支援を約束したのだ。なお、征長が現実に行なわれるのは(六月八日開戦)、毛利家が、将軍から伝達された処分の受け入れを拒否したためである。

官位復旧が、本来は処分完了のあとに行なわれるべきものとすれば、木戸に向かって西郷が約束した内容は、異例である。つまり、処分が行なわれないままで、毛利家は復権を認められることになる。薩摩側のもくろみでは、天子統仁に直接はたらきかけて考えを改めてもらうのだという(詳しくは前掲拙著を参照)。それでこそ兵力の増強も、「橋会桑」との「決戦」の覚悟も必要になるであろう。木戸にしても、口約束だけでは到底安心できるはずはない。しかし、互いに履行《りこう》義務を持つ協定の形にはできない。長州から、薩摩に対して見返りを提供できないからである。木戸にできることは、ただ薩摩の言を確認し、信用することだけであった。

だから、木戸は龍馬に宛てて、内容の確認を求める書簡を書いた。それを薩摩京都邸で受け取った龍馬は、おそらく、しかし間違いなく、小松と西郷に見せ、了解を得たと推測される。それは、龍馬が一個人で保障するには重過ぎる内容であるし、木戸にしても、龍馬がそうすることを予測して、書簡を書いたと思われる。小松や西郷に宛てて書くわけにはいかない。島津家としての軍事力行使などを、主君の了解も得ないまま保障することは、小松や西郷には、龍馬とは別の意味で、できることではないからだ。龍馬という緩衝地帯を介在させることによって、木戸は覚書の内容を確認できた。私たちも六ヵ条の内容を知ることができるのである。その意味で、龍馬の役割は、薩長両者の間に介在する仲介者として、重要だったことは間違いなさそうである。

四　木戸回想録が語るものと語らないもの

最後に木戸の回想録について触れておきたい。木戸は明治元年(一八六八)以降のある時点で、回想録を書いた。ペリー来航から慶応三年末までの事件を、毛利家の動きを中心に叙述している。ただし、文体も統一されていないから、草稿の類なのであろう。木戸の在世中に公表された形跡もない。そのなかで木戸は、池田屋事件とならび、この西郷との京都会談の模様を、かなり詳しく記している。

それによると、木戸は薩摩邸に入ったものの、国事にわたるような話題は何も出ず、いたずらに日が過ぎるばかりだった。それが十日以上も続くので、もはや帰国しようと決心したところに龍馬が登場し、西郷を説得して、にわかに「六条を以って将来を約す」に至ったという。

このあたり、木戸は肝心の点で叙述を避けている。実際には、正月八日の入京以来、例の毛利家当主父子の官位復旧問題にかかわって、間もなく伝達されるはずの処分の受け入れをめぐり、木戸は西郷と押し問答を繰り返していたのだった。処分案は、将軍・老中・一会桑・天子などの間で最終調整中である。それを横目でにらみながらの会談だから、長引くのは当然だった。決着が付くのは、将軍から天子へ処分案が正式に奏聞される二十日(勅許降下は二十二日)である。龍馬が薩摩京都邸に入ったのは、ちょうどその日だった。

木戸は回想録で、それらの偶然と、先に見た緩衝地帯としての龍馬の役割とを、うまく織り交ぜながら会談の模様を叙述した。そうすれば、書くのも恥である毛利家の官位停止、「朝敵」問題に触れずに済む。それに、木戸から見れば、龍馬のおかげで覚書六ヵ条を確認できたのだから、個人的に大きな恩義を感ずるのは当然である。ついつい筆が、もうこの世の人ではない龍馬を追憶する風に走るのも不自然ではない。

この木戸回想録が一般の眼に触れる形で公刊されたのは、大正十五年（一九二六）、日本史籍協会叢書『坂本龍馬関係文書』に収録されたときである。編纂者は土佐出身の文部省維新史料編纂官、岩崎英重（号は鏡川《きょうせん》）だった。『坂本龍馬関係文書』全二巻は、龍馬と土佐の歴史上の功績を讃えることを、一つの目的として編纂されている。

現実の歴史の過程は、様々な要素が複雑に絡み合いながら進展する。それを個人の活躍に帰して説明することは、小説やドラマ以外には不可能である。

参考文献

青山忠正『明治維新と国家形成』吉川弘文館　二〇〇〇年。

同　『日本近世の歴史6　明治維新』吉川弘文館　二〇一二年。

三宅紹宣『薩長同盟』一般社団法人　萩ものがたり　二〇一五年。

第八章　「竜馬」を史料学の視点から見てみよう

一　竜馬と船中八策

坂本竜馬といえば、高杉晋作と並ぶ幕末史の二大ヒーローである。とくに竜馬は、一介の浪士の身でありながら、犬猿の仲であった薩長の間を取り持って「薩長同盟」を結ばせ、さらには、土佐藩の重役、後藤象二郎に提案して、土佐藩による大政奉還建白を実現させ、将軍徳川慶喜による大政奉還が成った、という語りが、一般によく行なわれている。

以下に述べることの内容を分かりやすくするため、あらかじめ結論を先取りしておけば、こうした竜馬の事蹟は、ほとんどが伝記作者や小説家などによって作り出されたものである。誰が、何のために、どうやって作り出したか、それはどのような働きをしたか、について、すべてをここで述べることは、スペースの関係から見てもできることではない。

そこで、本稿では、主に、竜馬が作成し、大政奉還建白の原案となったとされる、船中八策について、それが作り上げられる過程を見てみよう。「それが作り上げられる」と聞くと、不思議に思われる読者があるかもしれない。「船中八策」は、史料として、『坂本龍馬関係文書』というれっきとした史料集に掲載されているじゃないか――と。実際、「船中八策」が諸書に引用されるとき、出典になるのは、決まってこの書物である。

そう。『坂本龍馬関係文書』は、文部省維新史料編纂官の岩崎英重（号は鏡川《きょうせん》）が編纂し、大正十五年（一九二六）に、日本史籍協会から第一、第二の全二冊本として刊行した書物である。維新史料編纂会は、国家公認の明治維新史を編纂するため、明治四十四年（一九一一）に創設された団体で、事務局は文部省内に置かれた。日本史籍協会は、編纂会が収集した史料を刊行することを目的に、事実上の外郭団体として大正四年（一九一五）に設立された。設立の中心人物には岩崎がいる。その後、日本史籍協会は、同協会叢書として一八七冊の史料集を刊行する。たとえば、『大久保利通文書』全一〇巻や、『木戸孝允文書』全八巻などが、そこには含まれ、現在でも、明治維新史を研究しようとする者にとって、なくてはならない史料集である。

そのような権威ある史料集に掲載されるくらいなら、「船中八策」は、当然ながら、立派な史料ではないか。そう思われて当然だが、それは、まったく逆である。岩崎英重が、『坂本龍馬関係文書』第一に収録したからこそ、「船中八策」は、まともな史料だと思われるようになり、岩崎は、そうなることを狙って、あるいは願って、「船中八策」といわれる文章を、『坂本龍馬関係文書』第一に収録したのである。

二　船中八策の史料学

では、『坂本龍馬関係文書』第一に収録されている、その文章の正体は、いったい何なのか。ここでも、結論めいたことを先取りしておけば、竜馬が考えていたと、言い伝えられてきた政治構想に、それらしい形と内容を盛り込んで、創作された偽文書である。ただし、偽文書とはいっても、読者をだますために、悪意を持って作られたわけではない。竜馬の事績を調べ、伝記を編んできた人たちが、彼らなりに苦労し、ああでもない、こうでもないと、苦心惨憺した末に、きっとこういうものだったのだろうと生み出してしまった、幻の文書である。その作業の過程を、以下では、できるだけ簡潔に整理してみよう。いわゆる史料学的な検討である。まず、その文章の全文を、同書第一から掲げておく。

一、天下ノ政権ヲ朝廷ニ奉還セシメ政令宜シク朝廷ヨリ出ツヘキ事
二、上下議政局ヲ設ケ議員ヲ置キテ萬機ヲ参賛セシメ萬機宜シク公議ニ決スヘキ事
三、有材ノ公卿諸侯及天下ノ人材ヲ顧問ニ備ヘ官爵ヲ賜ヒ宜シク従来有名無實ノ官ヲ除クヘキ事
四、外国ノ交際廣ク公議ヲ採リ新ニ至當ノ規約ヲ立ツヘキ事
五、古来ノ律令ヲ折衷シ新ニ無窮ノ大典ヲ撰定スヘキ事

六、海軍宜ク擴張スヘキ事
七、御親兵ヲ置キ帝都ヲ守衛セシムヘキ事
八、金銀物貨宜シク外国ト平均ノ法ヲ設クヘキ事
以上八策ハ方今天下ノ形勢ヲ察シ之ヲ宇内萬国ニ徴スルニ之ヲ捨テ、他ニ濟時ノ急務アルヘ（ママ）シ苟モ此數策ヲ断行セバ皇運ヲ挽回シ國勢ヲ擴張シ萬國ト並立スルモ亦敢テ難シトセス伏テ願クハ公明正大ノ道理ニ基キ一大英断ヲ以テ天下ト更始一新セン

このように、政権奉還に関わる政策方針を八ヵ条にわたって掲げ、末尾に建白体の文言を付した内容である。岩崎は、この文章に、「慶応三年六月十五日（新政府綱領八策）」というタイトルを付し、さらに次のような注を添えた（句読点及びカッコ内は青山による）。

此綱領ヲ俗ニ「船中八策」ト云フ、是月、龍馬、後藤象二郎ト同船、長崎ヨリ上京ノ際、船中ニ於テ協定シ、海援隊書記長岡謙吉ヲシテ起草セシメシヨリ、此名アリト云フ。然トモ此綱領ノ確定セルハ、是日（六月十五日）ナリシコトハ、次ニ掲グル中岡（慎太郎）ノ日記ニヨリテ證スヘシ。想フニ船中ノモノハ、コノ粉本ナランカ。

ここに見えるように、岩崎自身は、この文書を、後藤と坂本が上京した後、京都において土佐の在

京重役との間で協定したもの、という理解に立っている。そして、船中で協議したものは、その粉本《ふんぽん》（別本）とする。いずれにせよ、上京の船中で、竜馬が中心になって作成された文書があった、という理解が前提にあるには違いない。なお、岩崎は、この文書の出典として、（海援隊文書）と注記しているが、『坂本龍馬関係文書』第二、に収めた坂崎紫瀾《しらん》編『坂本龍馬海援隊始末』のなかから該当する文書を採録したという意味であろう。実際には、『海援隊始末』慶応三年六月十五日条所収本では、末尾の建白体の文言に、「他ニ濟時ノ急務アルナシ」と見えて、この方が文意が通る。

しかし、肝心なのは、この『海援隊始末』所収本にしたところで、実在する、その原本あるいは写本を収録したわけではないということだ。編纂した書物の上で、そう書いた、というだけである。その点には、これまでにも、多くの研究者が気づいていた。はたして、「船中八策」（と呼ばれた文書）は、実在するのか。

この問題に関して、ようやく最近、右に掲げたような形の文章が、出来上がってゆく過程を、詳細に追跡した研究が現れた。知野文哉《ちのふみや》『「坂本龍馬」の誕生―船中八策と坂崎紫瀾―』（人文書院　二〇一三年二月）である。同書の考証をすべて紹介する余裕は、到底ないが、結論だけを言えば、次のとおりである。

すなわち、明治二十九年（一八九六）に民友社から刊行された弘松宣枝《ひろまつのぶえ》『阪《ママ》本龍馬』において、初めて「建議案十一箇条」なる記述が現れた。大政奉還策を提案する内容だが、第九、十、十一条は未詳として、八ヵ条の方策が挙げられている。これが、のちにいう「船中八策」の初出原型にあたる。ただし、著者弘松も、何らかの文書を実際に見て、これを記述したわけではなく、生存する関係者からの伝承などを基に書いたと見られる。なお、弘松は、高松太郎（龍馬の甥で坂本龍馬家を継ぐ）の甥にあたる龍馬の血縁者である。

この弘松説は、その後、坂崎紫瀾《しらん》『少年読本・坂本龍馬』（博文館　一九〇〇年）などで手を加えられながら採用され、やがて明治四十年（一九〇七）、宮内省編纂による『殉難録稿　巻之五十四　坂本直《なお》柔《なり》』に、形式と内容が整えられた「建議案八條」として掲載された。これが、いわゆる「船中八策」の確定版となる。なお、先にも触れた坂崎紫瀾編『坂本龍馬海援隊始末』は、明治四十四年ころに、書かれたものである。さらに、岡部精一（維新史料編纂事務局の常置編纂員）が大正二年（一九一三）二月の講演で、この「時勢八策」は竜馬が長崎から上京する途中の「船中」で後藤との間で協議したものと述べ、やがて、この船中協議説が流布し、「船中八策」の呼び名も定着するようになる。

知野の考証の、ほんのエッセンスだけを紹介すれば、以上のようになる。現在の時点で、検討できる限りの史料を踏まえ、考えられる限りの考証を尽くした成果であり、疑問の余地はない。「船中八策」は、もともと存在しないのである。存在しないものを、存在する、としてしまった弘松、坂崎、岩崎らの意図は、その人その人の時々の事情があって一概には言えないが、竜馬と、彼に代表される土佐の事蹟を顕彰しようとする動機があったことだけは共通する。言い遅れたが、彼らは全員が土佐出身であった。それに、坂崎、岡部、岩崎は維新史料編纂会の編纂員であり、その意図には、自覚的かどうかはともかく、国家レベルの政治的な色彩が込められていたであろうことも否定できない。

なお、少しだけ付け加えておけば、「船中八策」が、いかにも政体構想らしい内容を持っているのは、弘松以下の人々が、慶応三年(一八六七)五月の赤松小三郎建白や、六月のいわゆる「薩土盟約」、十月の大政奉還建白書、さらには翌年三月の五ヵ条の誓文など、関係する文書や、これは龍馬の自筆であろう十一月の新政府綱領八策(八義)など、さまざまな史料を参考に、慶応三年時点で考えられるべき最高の政体構想を、竜馬に仮託して創作したからである。

三　竜馬「暗殺」

竜馬がヒーローになれたのは、いま見てきたような事蹟―作られた―のせいばかりではない。そもそも、右に述べたような史料考証など、よほど史料の精読に慣れた研究者でなければ、追随するだけで辟易《へきえき》してしまって、頭に残らないだろう。

その代わりに、というわけでもないが、以下では竜馬の「暗殺」について見てみよう。維新の夜明けを見ることなく、非業の最期を遂げた、というのが竜馬伝のフィナーレを飾る物語だからである。「暗殺」されていなければ、竜馬人気はだいぶ割引されていたのではなかろうか。最下級の武士から元帥公爵に成り上がった長州の山縣有朋など、不人気ナンバーワンであるが、無理もないと思う。

竜馬は慶応三年(一八六七)十一月十五日夜、京都の河原町四条上ル西側、下宿先の醤油商近江屋で斬られて死んだ。斬ったのは誰だろうか。これは、その当時から、はっきり分からず、当然ながら伝記の作者たちも、それを明らかにしようとしていた。

この事件について、最も力を入れて調べたのも、岩崎英重だった。岩崎は、「坂本と中岡の死」という長文の文章を書き、それを『坂本龍馬関係文書』第二に収録した。そのなかで岩崎は、元京都見廻組の今井信郎という者が、明治三十三年(一九〇〇)五月、雑誌『近畿評論』第十七号に、竜馬殺害に関する実歴談を掲載したことに触れ、次のように書いた。

予(岩崎)は、彼(今井)が実際の下手人にあらざる迄も—よし何人よりか聞き込みたり、とするも—其人は、必ずこの事件に何等かの関係なかるべからずとの疑問を懐抱せるうち、端《はし》なくこれを解決すべき有力なる資料を得たり。そは実に明治三年二月より九月に渡れる兵部省及び、刑部省の口書(供述調書)判決文の抜粋なりき。

岩崎は関係史料を調査するうち、兵部省や刑部省が作成した今井信郎らの供述調書を探し当てた。今井は旧幕府脱走部隊の一人として、函館戦争にも加わっていたが、明治三年ころには、戊辰戦争終結後の関係者処分が、政府の手で進められていたのである。「坂本と中岡の死」では、続いて、今井による「刑部省口書」が、引用掲載される。

それには、組頭佐々木唯三郎の指揮の下、見廻組の隊士、今井・渡邊吉太郎・高橋安郎・桂隼之助・土肥仲蔵・櫻井大三郎の計七名が、当日、近江屋へ龍馬の捕縛に向かい、渡邊・高橋・桂が二階

図10　桂隼(早)之助・渡邊吉太郎の墓(大阪市天王寺区・心願寺)
(著者撮影)

に上ったが、龍馬らが抵抗したので斬った、自分たちは階下で見張りをしていた、とある。

実は、龍馬の殺害に関し、現在の時点で知られている一次史料(当時の関係者が直接書いた記録)は、これだけである。これによれば、龍馬は、公務執行妨害により、斬られて死んだのである。今井は最終的に九月、静岡藩で禁錮、の判決を受け、その報告は、高知藩にも、もたらされ、事件の捜査は落着した。

その内容自体に付け加えることはないが、史料学的に重要なことは、この叙述でも、岩崎は史料出典を明記していないことである。岩崎は、いったいどこで、この口書などを「得たり」したのか。いうまでもないが、この口書などの原本は、未だに発見されていない。

知野文哉前掲書によると、明治三十三年（一九〇〇）以降に成立した「坂本龍馬伝艸稿《そうこう》」という毛筆書きの原稿本に、すでにこの口書は掲載され、殺害の実行者として、佐々木只三郎・今井信郎・高橋安次郎ら見廻組隊士の名前が明記される。この稿本は刊行されないまま、『殉難録稿』（明治四十年）や瑞山会編『維新土佐勤王史』（大正元年）のタネ本の一つとなったという。

つまり、「坂本龍馬伝艸稿」の編纂者は、おそらくこの口書の現物を見たのであろう。いいかえれば、その原本は、明治三十三年頃までは、どこかに存在していたはずである。そして、岩崎英重は、大正十五年（一九二六）の「坂本と中岡の死」で、「有力なる資料を得たり。そは…兵部省及び、刑部省の口書判決文の抜粋なりき」と書いているのだから、その現物全体ではなく、おそらく「坂本龍馬伝艸稿」に口書などが掲載されているのを発見し、これを再引用したのである。それならそうと、明記してもらわないと、後世の研究者はたいへん困る。史料の追確認をしたくても、やりようがなくなってしまうのである。

文部省維新史料編纂官といっても、史料の扱いにかけては、とても厳密とはいえない。現代の水準では、アマチュアのそれである。それはともかく、龍馬殺害の実行者が佐々木只三郎たちらしいことは、『殉難録稿』刊行後には、よく知られるようになっていた。

たとえば、明治四十三年（一九一〇）一月十五日から二十六日まで十二日間にわたり、国民新聞社の主催で、上野公園日本美術協会を会場に、大規模な維新志士遺墨展覧会が開催された。出品点数約三千点、観覧者数四十二万七千三百人にのぼったという(図録の徳富蘇峰序文)。展示品には、もちろん竜馬の書簡が含まれる。ただし、すでに存在が知られていたはずの自筆の新政府綱領八策(八義)は、少なくとも図録には収録されていない。この展覧会図録が『維新志士遺芳帖』と題して、四十三年八月に国民新聞社から刊行された。「著作兼発行者」は渡邊為蔵とある。その龍馬の項目で略歴が記されるのだが、末尾には、こう見える(句読点は青山)。

慶応三年十一月十五日、京都河原町醤油商近江屋に於て、中岡慎太郎と会談時を移す、黄昏《こうこん》幕府の残党、今井信郎、佐々木只三郎、高橋安次郎等の来襲に逢ひ、慎太郎と共に死す、時年三十又三。

これによると、今井・佐々木らによる意図的な襲撃で殺されたことになる。実は、『殉難録稿』では、「其刺客の事に就きては、何人の使嗾《しそう》にかゝりしにや、また明確の證を得ず。或は幕府の残党佐々木只三郎、今井信郎、高橋安次郎等一派の所為なりといへり」と断定を避けている。『殉難録稿』編纂の段階では、あの今井の口書などが知られていたにもかかわらず、わざとぼかされたのである。殉難志士が、実は公務執行妨害で―とは書けない。

そこには宮内省と国民新聞社という刊行主体の政治的な、あるいは社会的な立場の違いが反映されていよう。また、遺墨展覧会開催については、徳富による「維新前後最高潮に達したる、尊王愛国の精神を、今日に復活せしめん」（図録序文）という明確な意図があった。竜馬「暗殺」一つを取ってみても、その叙述には、関係する人々のさまざまな思惑が潜んでいた。それは学問研究のレベルではなく、もはや完全に政治的な言説の世界である。「竜馬」は、そのるつぼであった。その姿を見て一番驚くのは、おそらく地下の龍馬本人であろう。

「竜馬」とは俺のことかと龍馬言い

参考文献（文中に挙げた以外）

青山忠正『明治維新の言語と史料』清文堂出版　二〇〇六年。
同　『高杉晋作と奇兵隊』吉川弘文館　二〇〇八年。
同　『日本近世の歴史6　明治維新』同　二〇一二年。

第九章　志士を突き動かした時代のエネルギー

一　「志士」と『殉難録稿』

嘉永六年(一八五三)六月、ペリーの来航は様々な意味で、時代の画期だった。なかでも、以前と明らかに異なるのは、それまで国事にかかわることがなかった立場の人々が、みずからの意思で、政治活動に携わるようになったことである。土佐の郷士の家に生れた坂本龍馬にしても、武州多摩の農民出身だった近藤勇や土方歳三にしても、同じことである。誰に強制されたわけでもなく、また、役目としてでもなく、郷里を離れ、明日をも知れないような冒険の世界に、好んで飛び込んでいったのだった。

ところで、彼らを「志士」と呼ぶのは、現代でもごく一般的に見られることで、一見すると何の不思議もないようだが、そう簡単には見過ごせない側面がある。その言葉は、実は明治十年代以降に用いられたものだ。具体的な例を挙げると、宮内省が編纂した『殉難録稿』という書物がある。「嘉永癸丑外船渡来より、慶応丁卯幕府還政の頃まで」、すなわち嘉永六年のペリー来航から慶応三年(一八六七）大政奉還の頃までを対象にした歴史書なのだが、特徴的なのは、出来事の経過を叙述するのではなく、ある事件ごとに、「憂国の志士、身を非命に失いし者」、つまりその事件に関わって死んだ者の小伝を以って構成されていることである。例えば「戊午党獄《ぼごとうごく》」（安政の大獄）では吉田松陰・橋本左内ら二十九人、「桜田」（桜田門外の変）では関鉄之助・蓮田市五郎・有村次左衛門ら二十六人の伝記が、その人ごとに綴られている。坂本龍馬などの場合は、殺害されたこと自体が事件として扱われ、その生涯が簡潔に語られる。

この書の編纂は、明治十七年（一八八四）末に始められ、二十六年（一八九三）六月に一通り終了したが、さらに収録人物が追加されて四十年（一九〇七）十二月完了、これに訂正が加えられて四十二年（一九〇九）十二月に至り、最終的に完成した。収録された人物は二四八〇余名という。この完成版は、『修補　殉難録稿』と題されて昭和八年（一九三三）十一月に刊行された（マツノ書店　二〇〇五年復刻）。その序文で、東京帝国大学教授黒板勝美は次のように述べる。

明治維新の鴻業は、実に我が国史に於いて、前古未曾有の事に属す。嘉永癸丑《きちゆう》、米艦、浦賀の埠頭を圧して黒烟を吐きしより、この方、徳川氏の大政奉還に至るまで、その間僅かに十五年の短日月にして、しかも勤王憂国の志士、非命に斃《たお》れたる者幾千ぞ。明治維新の鴻業はこれら勤王憂国の志士が、いわゆる人柱となりて築き上げたりという、豈《あに》過言ならんや。（中略）その公刊を見るは国民精神鼓舞作興の上に大旱雲霓《たいかんうんげい》を得たる感なくんばあらず。一は以て明治維新の鴻業が如何に多数の人柱によって築き上げられたるかを知らしめ、一は以てこれら幾多の憂国慨世の志士が、如何に皇国の大義にもとづき、至誠一貫、国家のために尽瘁《じんすい》せしかを覚らしむ。

この黒板の文章は、後半に力点が置かれているように見える。つまり、明治維新という大偉業が、いかに多くの人命の犠牲のうえに成り立ったか、彼らがいかに国家のために尽くしたかを強調し、彼らを国民の模範に位置づけたのである。

「志士」とは、そのような意味で、「勤王」の立場で、国事に尽くした人々を呼ぶ言葉だから、もともときわめて政治的な意図に立って用いられるようになったものだ。したがって、この書物に収録されているのは、明治政府によって「勤王」方と認定された者だけである。近藤勇や土方歳三は、当然ながら除かれている。言いかえると、ここで認定された二四八〇余名が、すなわち「勤王の志士」なのである。

明治から昭和戦前期にいたる国家が、「勤王の志士」を処遇する道は、大きく分けて三つあった。一つは、生き延びて政府の高官に昇った者である。これは分かりやすい。総理大臣になり、公爵を授けられた伊藤博文や山縣有朋を筆頭に、それぞれ栄達したのだから、これ以上の厚遇はない。二つには、維新前に死んだ者を、『殉難録稿』に収録し、あるいは教科書などの公式的な媒体に掲載して顕彰することである。彼らは同時に靖国神社に祀られた。三つに、同じく死者に対する位階の追贈があった。これは明治二十四年（一八九一）から、数次にわたって行なわれ、『殉難録稿』に収録された人びとはもとより、それから洩れた者まで、のちには追加された。たとえば、文久二年（一八六二）に、幕府の間諜として暗殺された越後浪士本間精一郎や、慶応四年（一八六八）戊辰戦争の際に、偽官軍として処刑された赤報隊の相楽《さがら》総三などである。

しかし、このような措置は、客観的に考えれば納得のいかないことである。『殉難録稿』に収録され、靖国神社に合祀される場合でも、それは明治九年（一八七六）の内務省達に基づき、府県から管内の該当候補者が履歴とともに上申され、それを宮内省内部で審査し、必要な要件を満たしていると認められて決定するのだが、明確な認定基準などあるはずがない。認定に際しては、政治的な力関係が大きくものを言ったと思われ、結果的に薩長土や水戸など、旧有力藩の関係者が多く含まれる結果になった。たとえ、彼らと同じ行動を取った人物でも、認定されなければ、「志士」の範疇から除かれてしまうのである。実際に、そのような人びとは多くいたはずである。それに、近藤・土方など明らかな「佐幕」側は、最初から審査の対象にもされない。かくて歴史の闇に埋もれた志士たちは、名前すら残すことなく、消えうせてしまった。

彼らを、政治的立場の如何《いかん》を問わず、また明治以後まで生き延びたかどうかを問わず、呼び表す言葉は、その当時において、「草莽《そうもう》」である。中国の古典『孟子』に、「国に在って市政の臣という。野《や》に在って草莽の臣という」と見える。政府の役人として、しかるべき地位にあって政治に携わるものは「市政の臣」、仕官してもいないのに、自分の意思で国事にかかわるのは「草莽の臣」である。現代風に言えば、ボランティアだ。

以下では、そのような意味での草莽の中から、対照的な二人の人物を取り上げ、彼らの事蹟を、その活動した時点での政治状況を踏まえながら、述べてみよう。

二　伴林光平と『南山踏雲録』

伴林光平《ともばやしみつひら》は、文久三年（一八六三）八月、いわゆる天誅組の挙兵に参加したことで知られる人物である。光平は文化十年（一八一三）、河内の尊光寺という寺の住持、賢晴の次男に生まれた。もともと僧侶だったが、次第に国学に傾倒するようになり、天保十年（一八三九）には因幡国の飯田秀雄に入門し、国典と和歌を学んだ。このとき秀雄の次男、七郎年平と義兄弟の契りを結び、故郷の伴林神社にちなみ、また年平の兄として、伴林六郎光平と名乗るようになった。ついで、紀州の国学者加納諸平の門に学び、さらに江戸に出て伴信友《ばんのぶとも》に師事した。信友といえば、平田篤胤と並んで本居宣長の学統を継ぐ国学の大家である。やがて天保十二年（一八四一）、帰郷した光平は、文久元年（一八六一）ついに還俗（僧籍を脱する）し、現在の法隆寺の東側あたりに草庵を結び、国典を説き、和歌を教えて生計を立てた。歌人としての名声は、すでに高かったという。

その光平が実践活動に移る文久三年は、草莽の活動が最高潮に達したときだ。すなわち、前年十一月には、将軍家茂に対し、江戸に下った勅使三条実美から、攘夷実行を督促する勅書が授けられ、家茂は、それを奉承するとともに、戦略の詳細を天子統仁《おさひと》に申し上げるため、翌年三月の上洛を回答していた。これに応じて、大名はもとより、その家臣らを含めて、草莽たちが、続々と京都に結集し始めていた。

とくに長州毛利家を中心とする強硬攘夷論者は、攘夷実行だけでなく、その機会を捉えて、「王政回復」、すなわち、将軍に委ねられている政権を天子のもとに回収することをも、水面下では計画しつつあった。各地から集まった諸国の脱藩浪士や農民出身浪士など、文字通りの草莽たちが、現状変革のあり方として期待をかけたのは、攘夷実行そのものより、むしろこの王政回復のほうである。

五月十日の攘夷期限を過ぎ、八月十三日には大和行幸の詔が出された。天子が大和の神武天皇陵に参拝して攘夷成功を祈願し、あわせて攘夷親征の軍議を開くというものである。これらを画策していたのは、主に久坂義助《よしすけ》(玄瑞)ら長州毛利家の強硬攘夷論者、それに久留米水天宮の神主だった真木和泉、筑前浪士平野次郎(国臣)らであった。

これを機会に、土佐勤王党の草莽(出身は庄屋)吉村寅太郎らは、青年公家の前侍従中山忠光を盟主に迎え、大和行幸の先駆けを唱えて、大和五條の徳川家代官所を襲撃する計画を立てた。吉村ら総勢四十人は八月十四日、京を発ち、大坂港を経て、河内国富田林《とんだばやし》の豪農、水郡《にごり》善之祐《ぜんのすけ》邸で軍装を整え、河内勢こと水郡グループを加えて兵力を増強し、十七日には五條代官所を攻略してしまった。伴林光平は、彼らと以前から気脈を通じていたが、大坂市中にいたため、天誅組の進発には間に合わず、知らせを聞いて大和五條に駆けつけたのは襲撃直後の十七日夜である。

その天誅組だが、長続きはしなかった。代官所攻略の翌十八日には、京都で政変が起き、長州系の強硬攘夷論勢力が一掃され、大和行幸も中止されてしまったからである。こうなると天誅組は、二階に上がって梯子をはずされたも同然の立場に陥った。

畝傍山《うねびやま》そのいでましを玉襷《たまたすき》、かけてまちしは夢かあらぬか

天子のお出でを襷がけで待ち受けていたのは夢だったのか、とは光平の率直な感慨である。当然ながら、善後策が協議され、いったん解散して再挙を図るべきという意見もあったが、結局は、五條の南方、紀伊半島中央部に当たる十津川郷の山中に立て籠もろうという結論になった。十津川郷は、南北朝時代(十四世紀)に、南朝側の拠点となった地域であり、五百年勤王の由緒を誇る土地柄である。十津川郷士の協力を得た天誅組は、本陣を十津川に移し、京都守護職の命で追討に押し寄せた紀州和歌山・彦根の井伊・津の藤堂など、諸大名の軍勢を相手に各所で華々しい戦いを繰り広げたが、十津川郷士が離反を通告するに及んで、主将中山忠光はついに解散を宣言した。九月十五日朝のことである。

解散宣言ののち、メンバーはそれぞれ小集団に分かれ、吉野山系からの脱出を図る。忠光や吉村寅太郎らの本隊は、九月二十四日、東熊野街道鷲家口《わしかぐち》(現在の東吉野村小川)で、陣を敷いて待ち受ける彦根勢に向かって強行突破を敢行した。吉村はじめ大部分が討ち死にしたが、忠光ら数人は奇跡的に包囲網を潜り抜けて、大坂の長州邸にたどり着いた。

光平は本隊と別行動をとったため、脱出には成功したものの、二十五日、田原村で奈良奉行所の手の者に捕らえられた。奉行所に勾留中、挙兵参加から捕縛に至るまでの経過を書き記した記録が『南山踏雲録』である。これを見ると、彼らがどのような世界に思いを馳せていたのかが垣間見えてくる。その書名は、「雲を踏み、嵐を攀《よ》じて深熊野《みくまの》の果て無き山の果ても見しかな」という、光平の歌にちなんだものだ。

『南山踏雲録』の特徴は、何といっても、その歴史性であり、とくに後醍醐天皇の親政と、それに続く南朝に対する思い入れの深さにある。それは、八月二十五日、五條を引き払い、本陣を十津川郷の入り口、天辻峠に移す辺りから際立ってくる。彼らは、五條から西熊野街道を南下し、天辻峠に至る途中、賀名生《あのう》の堀家に立ち寄った。南朝方の「皇居」と伝えられるところだ。その情景を光平は、次のように綴っている。

老椙恠巌《ろうさんかいがん》、茅檐《ぼうたん》を囲繞《いにょう》し、密林幽松《みつりんゆうしょう》、庭除《ていじょ》を遮断《しゃだん》す、鳥語《ちょうご》、元弘の餘愁《よしゅう》を含み、水聲《すいせい》、建武の残《ざん》悒《ゆう》を訟《うつた》ふ。天下慷慨《こうがい》の士、誰か思古《しこ》の幽情を発せざらんや。かくの如く愁涙《しゅうるい》を掃《はら》ひて、いささか懐旧の蓄念を述ぶ。短歌四首(三首は省略)。
大丈夫《ますらお》の世を嘆きつる雄建《おたけび》にたぐふか今も峰の木枯

杉の古木と巨大な岩が屋敷の周囲をめぐり、生い茂った松の林が庭先をよぎる。鳥の鳴き声は、元弘の頃の余韻を響かせ、流れる谷川のせせらぎは、建武の中興の時代を思い出させるようだ。これを見聞きして、天下を憂うほどの者、思いをかつての古き良き時代に馳せない者があろうか。愁いの涙を払いながら、いささか懐旧の思いを述べよう。

光平が、建武の中興の時代になぞらえて、自分たちの行動を思い描いていたことは明らかだろう。義兵を挙げれば、必ず各所でそれに呼応する草莽たちが立ち上がり、「幕府」を倒し、天皇親政の世が来るはずだ。光平に限らず、天誅組のメンバーは、『太平記』が描き出すような鎌倉幕府討伐のありさまを脳裡に描いていたに違いない。

しかし、それは彼ら草莽の錯覚である。長州にせよ、薩摩にせよ、組織的な政治勢力である大名家は、それほど単純な動機で行動しているわけではない。そもそも天子統仁《おさひと》自身が、無謀な攘夷戦争や性急な王政回復に反対なのである。彼ら草莽は、政治情勢を的確に把握しえずに暴発する結果に終わったのであった。光平は元治元年(一八六四)二月、京都六角獄中で処刑された。『殉難録稿』に収録され、明治二十四年(一八九一)、従四位が追贈されている。

三　赤松小三郎と「議政局」構想

伴林光平や吉村寅太郎ら、国学流の尊王論の立場から、性急な挙兵に走った人々とは正反対に、最新式の洋式兵学を吸収した立場から、国事に臨んだ人物がいた。赤松小三郎友裕という。小三郎は天

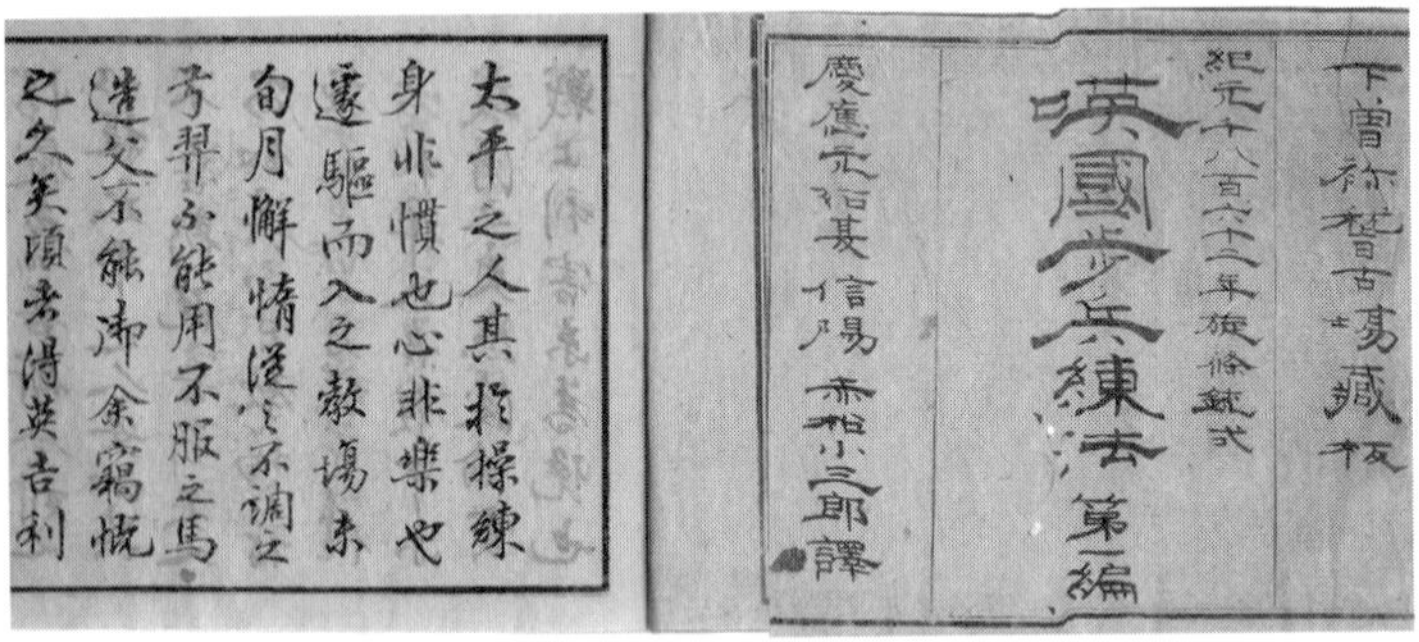

図11　『英国歩兵練法』内表紙
（著者蔵）

保二年（一八三一）四月、信州上田領主の譜代大名、松平家の家来芦田勘兵衛の次男に生れた。嘉永元年（一八四八）、十八歳のとき江戸に出て、幕臣内田弥太郎に入門して数学を学んだ。ちなみに内田は数学・天文学の専門家であり、のち明治六年（一八七三）から太陽暦が採用されるとき天文暦道御用掛《ごようがかり》として、その事業に従事する人物である。安政元年（一八五四）にはいったん上田に帰り、赤松弘の養嗣子となったが、再び江戸に出て勝海舟に入門、翌年には海舟について長崎に赴き、海軍伝習所で航海術・英学などを学んだ。万延元年（一八六〇）には赤松家を継ぎ、元治元年（一八六四）からは江戸にあったが、横浜に駐屯する英国士官のもとに通って、英語及び英国式の歩兵練法を教授され、翻訳が出来るまでの力を身につけた。

慶応二年（一八六六）二月には京都に出て、兵学塾を開くいっぽう、前年から進めていた『英国歩兵練法』全八冊の和訳刊行を成し遂げた。その赤松に、薩摩が着目し、京都邸に招聘して教授を乞うようになった。門人には、中村半次郎（桐野利秋）・村田新八・篠原国幹・野津道貫・東郷平八郎らが名を連ねたという。薩摩の洋式調練については、長州の大村益次郎に当たるような人物が家中に見当たらないが、その役割を受け持ったのは、譜代大名上田松平家の家来、小三郎だったのである。

その小三郎は、慶応三年（一八六七）五月、四侯会議のため上京していた島津久光と、越前の松平春嶽に対して、目標とすべき政体構想を建言していた。上下両院制による「議政局」構想を含む卓抜な議論である。ただし、全七ヵ条三千字を超す長文なので、その第一条だけをここでは紹介しておこう。

天幕御合体、諸藩一和、御国体相立ち候根本は、まず天朝の権を増し、徳を備え奉り、ならびに公平に国事を議し、国中に実に行なわるべき命令を下して、少しも背く事、能わざる局を御開き立て相成り候事

けだし権の帰すると申すは、道理に叶い候公平の命を下し候えば、国中の人民承服仕り候は必然の理に候、第一、天朝に徳と権とを備え候には、天子に侍する宰相は、大君・堂上方・諸侯方・御旗本の内、道理に明らかにして、方今の事務に通じ、万の事情を知り候人を撰みて六人を侍せしめ、一人は大閣老にて国政を司り、一人は銭貨出納を司り、一人は外国交際を司り、一人は海陸軍事を司り、一人は刑法を司り、一人は租税を司る宰相とし、それ以外諸官吏も皆門閥を論ぜず人選して、天子を補佐し奉り、これを国中の政事を司り、かつ命令を出す朝廷と定め、また別に議政局を立て、上下二局に分かち、その下局は国の大小に応じて、諸国より数

人の道理に明らかなる人を、自国および隣国の入札にて選抽《せんちゆう》し、およそ百三十人に命じ（中略）、その上局は堂上方・諸侯・御旗本の内にて入札を以て人選して、およそ三十人に命じ（中略）国事はすべてこの両局にて決議の上、天朝に建白し、御許容の上、天朝より命じ（後略）

これはアメリカ合衆国の制度を参考にした政体構想だが、六人の宰相からなる行政府は、アメリカ国務長官を模した「大閣老」以下、財務・外交・軍事・司法・租税を専門に担当する閣僚から構成される。また、議会は、堂上（公卿）・諸侯・旗本から選任される三十人による上局と、諸国から身分に拘わらず選挙される百三十人による下局から成る。行政府と議会との関係などを含め、一八六〇年代を通じて、最も精緻な政体構想である。この小三郎の建言が、薩摩・越前などで、どのように受け止められ、取り扱われたのかは、現在のところ徴すべき史料を見出せないが、いわゆる薩土盟約や、土佐の大政奉還建白書などに受け継がれたと見て、内容的には間違いない。先に触れた『南山踏雲録』の情緒性と比較して、その現実的な性格には、天地ほどの差があることを見て取れよう。

小三郎は、この建言提出の頃から、主家の召還命令を受け、帰国を決意したが、出立直前の九月三日、京都市中で暗殺された。軍機漏洩を恐れた薩摩の仕業によるという。その名は『殉難録稿』に収録されていない。従五位が追贈されたのは、実に没後五十七年を経た大正十三年（一九二四）二月十一日のことである。

参考文献

青山忠正『明治維新史という冒険』思文閣出版　二〇〇八年。

久保田辰彦『いはゆる天誅組の大和義挙の研究』大阪毎日新聞社　一九三一年。

佐佐木信綱編『伴林光平全集』湯川弘文社　一九四四年。

柴崎新一『赤松小三郎先生』信濃教育会　一九三九年。

田尻佐《たすく》編『贈位諸賢伝』近藤出版社、一九二七年。

保田與重郎評註『南山踏雲録』（『保田與重郎全集』第二十一巻　講談社　一九七八年）。

第十章　天皇が見える

一　江戸時代の禁裏

江戸時代の天皇は、もともとのあり方から言って、大衆の前に姿を見せない天皇である。もっとも、絶対に見ることができないという意味ではない。むしろ、江戸時代の禁裏御所（現代の皇居）は、明治以降のそれより、はるかに開かれた空間であった。禁裏は、節分の際には一般公開されて誰でも立ち入れたし、即位式でさえ、代金を払って見学することができた。しかし、天皇自身が禁裏の外に出ることはない。火事のときの避難だけは例外である。天皇は禁裏御所の築地塀《ついじべい》のなかにおわします、神秘的な存在であった。補足しておけば、禁裏の周りは公家の邸に囲まれた区域で、広く言えば内裏《だいり》と呼ばれる（現代の京都御苑に相当）。その区域には九門が設置されていて、非常時には閉鎖されるが、通常は立ち入り自由である。江戸時代の天皇・公家をめぐる空間は、現代のそれから連想されるような閉鎖された空間ではないかわりに、天皇が気軽に外を出歩くような条件にもなかった。

ところが慶応三年十二月九日（一八六八年一月三日）の、いわゆる王政復古政変を画期として、天皇のそのようなあり方は、大きく変革されてゆく。いうまでもないが、先代孝明天皇はちょうど一年前に逝去していて、新帝睦仁《むつひと》(明治天皇)がすでに践祚《せんそ》していた。ただし、新帝は、まだ満十五歳の少年であり、自分自身の判断を下せる年齢ではなかった。新帝が君主として成長してゆく過程は、日本列島に、近代国家が成立してゆく過程とぴったり重なるのである。

二　大坂遷都論と親征行幸

新政府の参与となっていた薩摩の大久保利通はじめ、王政復古政変を進めた勢力は、天皇を、西欧近代国家の君主のように作り変えようとしていた。その手始めが、大久保の唱えた大坂遷都論である。大久保は慶応四年(一八六八)正月、議定の岩倉具視を経て、総裁有栖川宮熾仁《たるひと》親王に宛て、次のような建白を呈した。

これまでのように、「主上」と申して御簾《みす》の内にあり、限られた公卿のほかは、会うこともできないようでは、民の父母たる天職に背くわけであるから、その根本を大変革するには遷都するのがよい。最近の外国においても、帝王は従者一、二人を率いて国中を歩き、万民を撫育するのは、実に君道を行なうものというべし、更始一新、王政復古の今日に当たり、大英断を持って遷都すべきである。その地は大坂に如《し》くものはない。

図12　「明治天皇観艦之所」碑
（大阪市港区天保山）
（著者撮影）

大久保は、この遷都を通じて宮廷の根本的な改革を実行し、数百年来、凝り固まってきた「因循の腐臭を一新」しようと考えた。しかし、この遷都論は時期が早すぎたと見えて、公家たちの猛反発に遭い、間もなく否決された。大久保・岩倉らは、これにひるまず、かわりに大坂への親征行幸を実現させた。すなわち朝敵徳川慶喜を征伐するため、天皇みずから大坂まで出陣することである。

現実の問題として、天皇が大坂まで出張したからといって、戦局に直接の影響があるわけもないが、要は、宮廷改革の一環として、天皇の公式旅行を行い、その姿を、一般大衆の面前に現わすと同時に、京都ではできないことを天皇に体験してもらおうという意図である。

三月二十日、京都を出立した天皇の行列は、途中で石清水八幡宮に参詣したのち、二十三日に大坂に着き、本願寺津村別院（北御堂）を行在所《あんざいしょ》（宿舎）とした。これだけの小旅行ですら、江戸時代にはかつてなかったことである。

京都に戻るのは閏四月八日だが、その間には、三月二十六日、安治川河口の天保山岸壁で軍艦の航進を親閲し、四月九日と十七日には、大久保・長州の木戸孝允・土佐の後藤象二郎と面会した。無位無官の武士たちであり、これも、旧慣の強く残る京都では行なえないことであった。大久保らの狙いは、的中したのである。

三　東京遷都

閏四月二十一日、「政体書」が発布され、新政府の職制が改めて定められた。この制度改革によって、天皇の政務を補佐する「輔相《ほしょう》」が設置され、翌日には、天皇がみずから万機の政務に携わることが宣言された。なお、輔相には、三条実美・岩倉具視が任ぜられる。

五月十五日、上野の山内に立て籠もっていた旧幕府の彰義隊が一掃されたころから、新政府内部では、東京行幸が政治日程に上るようになり、七月十七日、江戸を称して「東京」（東の京）とするとの布告が出され、八月四日には東京への行幸が布告された。八月二十七日には、ようやく即位式が行なわれ、睦仁は公式に天皇の位に就いた。

九月八日には、「明治」と改元され、一世一元《いっせいいちげん》の制が定められた。江戸時代には、吉凶などを理由として頻繁に改元が行なわれたが、天皇が時間を管理するものであることを確定させる意味で、天皇一代の間は改元しないことが宣言されたのである。

九月二十日、天皇の鳳輦《ほうれん》を擁した三千人を超える大行列は、京都を出立した。天皇は途中、節婦孝子の表彰を行ない、その存在を民衆にアピールしながら、東海道を東へ向かった。天皇は太平洋を望見し、富士山をながめた。このような経験を持った天皇は、いうまでもなく、江戸時代以前を含めて初めてである。天皇本人にとっても、おそらくは感動的な体験であっただろう。若い天皇は、自分の前に開かれてゆく新たな世界を、抵抗感なく受け入れていった。

十月十三日、江戸城に入った天皇は、これを「東京城《とうけいじょう》」と改称し、十七日、あらためて「万機親裁の詔」を発して、内外の政治をみずから裁決することを宣言した。そのうえで政府は、諸藩の公議人（藩論を代表する者）および諸侯の東京召集を命じた。これは、版籍奉還などを審議するための措置だが、それを東京で行なうということは、事実上、首都を東京に設置するという意味にあたる。これらの措置を経た上、天皇はいったん京都へ戻るが、来春には再び東京へ来る（再幸）ことを明らかにして、十二月八日に東京を発った。

翌明治二年（一八六九）三月には、天皇と政府機構の東京移転が実現した。公式の表明は成されなかったが、東京を新首都と定めたのである。その新首都、東京において天皇は、先に薩摩・長州・土佐・肥前の四藩主から提出されていた版籍奉還の上表に勅許を降した。六月十七日のことであり、これによって江戸時代以来の大名は消滅し、代わって地方制度としての「藩」が設置された。旧大名は、地方長官としての各藩知事に任ぜられたのだが、やがて明治四年（一八七一）七月には、その藩も廃止となり、全国に県が設置されて、政府の完全な直轄体制が成立する。

四　天皇の肖像と巡幸

いま見てきたように、天皇は明治元年から二年にかけ、大きな旅行を三回、経験した。大坂親征行幸一往復と東京旅行一往復半である。その途中で、天皇は民衆に姿を見せることはあったが、その対象は沿道に見物に来た人々だけであり、日本列島全体を国土とした君主という立場から見れば、全国民三千万のほんのわずかな部分でしかない。

いっぽう、大久保利通や木戸孝允など、武士出身の開明派官僚のあいだには、天皇に全国を巡回してもらい、その実際の姿を全国民に見せよう、という考え方は、先の大坂遷都の建白に見えるように早くからあった。だからといって、その巡幸がすぐに実現したわけではない。

天皇を頂点とする日本の政府が、欧米にならった近代化政策を、「文明開化」と呼んで、早急に進めようとするのは、廃藩置県を経た明治四年（一八七一）七月以降である。八月には、今後は天皇が軽装で臨時行幸を行なうと布告された。実際に十一月二十一日、工部省の横須賀造船所に行幸し、写真を撮った。天皇が写真に写った最初であり、このときは和装である。公式には「記念写真」というが、実は外国人技師が無断で撮影したとも言われる。無断撮影に日本政府は困惑したが、取り締まりは事実上できなかった。

これに先立つ十一月十二日には、岩倉具視を団長とする使節団が米欧に派遣されていたが、条約改正の予備交渉を意図していたために、留守を預かる政府でも、条約改正に有利に働くような文明化政策を好んで進めようとしていた矢先なのである。このような事情も背景にあって、明治五年四月には、天皇皇后の写真が撮影された。岩倉使節団から、欧米各国の元首が写真交換を行なっているから、との要請があったためである。

五月からは、一ヵ月半に及ぶ西国巡幸が行なわれた。この巡幸では天皇が、洋装をまとって初めて国民の前に姿を現わした。東京から伊勢神宮を経て大阪へ、さらに大阪から下関を経由して鹿児島まで と、天皇は軍艦で駆け巡ったのである。明治十八年(一八八五)まで、六回にわたって行なわれる巡幸(六大巡幸)の最初であった。すなわち、明治九年東北巡幸、十一年北陸・東海道巡幸、十三年中央道巡幸、十四年東北・北海道巡幸、十八年山陽道巡幸、である。それぞれ、一、二ヵ月をかけた巡幸によって、天皇はみずからが治める国土をくまなく回り、各地の国民の暮らしぶりを、その目で確かめ、国民には自分の姿を見せたのであった。

天皇の洋装の肖像写真と巡幸は、文明開化の名の下に、ヨーロッパをモデルとした近代化政策が本格的に開始される合図でもあった。明治五年十一月には改暦の詔が出されて、太陽暦の採用が布告され、十二月三日が明治六年一月一日、すなわち一八七三年一月一日とされた。つまり明治五年十二月四日から大晦日までは、日本史上に存在しないことになったのである。ちなみに、天皇が宮中で初めて牛乳を飲み、牛肉を食べたのも、同じころであった。

太陽暦になった明治六年十月には、軍服姿の天皇の写真が、技師内田九一によって撮影された。髭を蓄え、断髪した姿で椅子に腰掛け、サーベルを携えている。明治初期の天皇の姿として、最もよく知られた写真で、外国駐在の日本公館に下付され、各国の元首にも贈られたという。しばらくのちには、祝日に奉拝されるため、各府県にも下賜された。

かつて九重《ここのえ》の内にあり、築地塀の外にさえ出ることがなかった江戸時代の「天子」は、このような変貌を遂げることによって、近代国家の君主になった。軍服姿の写真が撮影されたのとちょうど同じ時期、日本国内の政局は、征韓論をめぐって激動のさなかにあった。折から帰国してきた岩倉使節団の主要メンバーだった岩倉具視・大久保利通・木戸孝允らと、留守政府の中心だった西郷隆盛・板垣退助・江藤新平らとの間で、朝鮮への使節派遣問題をめぐる抗争が頂点に達していたのである。その対立抗争に、西郷の使節派遣を認めず、として最後の決着を付けたのは二十一歳に達していた明治天皇である。自分の姿を持つようになっていた君主は、すでに疑いなく国家の元首であった。

Ⅲ　暗殺の構図

第十一章　井伊直弼

一　生い立ち

井伊直弼は、安政五年（一八五八）当時の大老として、通商条約の調印にあたった。その意味では、先進的な考え方の持ち主とも見える。しかし、直後に続く安政の大獄では、反対派に容赦のない弾圧を加え、最後は桜田門外で暗殺された。その点では、保守的な力の政治家というイメージもある。直弼の置かれた立場と行動は、もともと、それほど単純ではなく、先進的とも保守的とも、簡単に割り切れるものではない。まずは、直弼が大老になるまでの生い立ちを追ってみよう。

直弼は文化十二年（一八一五）十月、譜代大名の筆頭、彦根三十五万石の十一代当主だった直中《なおなか》の十四男に生まれた。しかし、その当時、直中はすでに隠居していて、十二代は実兄の直亮《なおあき》が継いでいた。だから、直弼は、はじめから世子《せいし》（跡継ぎ）にはもとより、その候補にさえなれないという運命を背負って生れてきたのである。

大名の子供というのは不便なもので、父の跡を継いで大名になれるのは、もとより一人だけである。それ以外は、どこかへ養子に行く。もし養子の行く先がなければ、一家を構えて嫁を取ることもできず、一生を部屋住みのまま無為徒食の人生を送らねばならない。

自分の立場がそういうものであると、直弼が気づかされたのは、天保二年（一八三一）、実父直中が死んだときである。それまでは、城内の欅《けやき》御殿と呼ばれる豪壮な邸宅に暮らしていた直弼は、一転して三の丸にある質素な屋敷に移り住んだ。ここでわずかの従者とともに、年三百俵の捨て扶持を受けて暮らすのである。直弼が十七歳のときであった。

勤めとしての仕事は何もない。天保五年（一八三四）には、日向延岡の譜代大名内藤家から、養子縁組の話があったが、弟直恭《なおやす》のほうに決まった。とうとう直弼一人、置いてきぼりである。落胆した直弼は、「埋もれ木の舎の記」という手記を書き、埋もれ木のように屋敷にこもって、「なすべき業」に打ち込もうという決意を自分自身に言い聞かせた。それからは、居合いや茶道などに没頭する日々が続いた。国学の師匠、長野主膳にめぐりあうのも、その時期のことである。

しかし、ひとの運命は分からないものだ。弘化三年（一八四六）一月、直弼は三十二歳にして思いもかけず、世子の座に就いた。世子だった直元が病死、他に男子がなかったため、急きょ直弼が兄直亮の養子に立てられたのである。やがて嘉永三年（一八五〇）十一月、直亮が病死すると、直弼は十三代井伊家当主を継いだ。

二　戊午の密勅

安政元年(一八五四)三月、再来したペリーとの間に日米和親条約が調印され、安政三年にはアメリカ総領事として来日したハリスが、通商条約の締結を要求するようになる。老中首座阿部正弘を中心とする幕閣は、すでに通商交易を開始する方針を決定しつつあった。安政四年六月に病死した阿部に替わり、老中堀田正睦が難局を担う。堀田は安政五年(一八五八)に入る頃には条約内容を具体化させ、京都の天皇に対して、事前に勅許を求めるため、開国論者の海防掛目付岩瀬忠震らをともなって上京した。

堀田以下は当初、勅許を得ることについて、楽観的だったようだが、案に相違して、天皇以下の公家たちは勅許を拒んだ。三月二十日、堀田に降された勅書には、将軍からの要請だけで、勅許を降すことは出来ない、外様・譜代を含めた諸大名の衆議に基づいて、再度申し出るように、とあった。

ここに至ってやむを得ず、堀田以下は江戸に戻った。それは将軍家定にとっても、非常事態であり四月二十三日、井伊直弼が大老に任ぜられた。直弼は、通商条約調印問題についても、最高責任を負う立場になったのである。その体制の下、まず将軍継嗣問題に決着がつけられた。家定・直弼は五月初めに、紀伊慶福を継嗣とすることを公表したのである。ついで六月十九日、ハリスの強要にあって、直弼はやむをえず、勅許を得ないまま、通商条約調印を認めた。

その報告を受けて驚き、かつ怒った天皇は八月八日、関白九条尚忠も関与させずに、将軍と水戸家に宛てて勅書を下し、将軍側の処置を難詰した。その内容は、通商条約調印については諸大名衆議に基づくようにと、言っておいたのに、それに背いたのは「軽率の取り計らい」であり、はなはだ不審である、かれこれ国家の大事であるから、大老・老中はもとより、三家(尾張・紀伊・水戸)・三卿(一橋・田安・清水)・家門(徳川家の親戚で松平氏)・列藩・外様・譜代ともに、「一同群議評定」して事態に対処せよ、というものである。さらに、水戸家にあてた別勅には、この内容を「列藩一同」にも伝達せよ、とあった。

このような勅書を、天皇がいきなり武家に向けて発するのは異例である。また、もともと、徳川将軍の政府では、老中以下の役職に就くのは、直臣としての譜代大名か旗本であり、親戚筋の家門大名や外様大名は、国事にかかわることがなかった。したがって、この勅書の言うとおりにすると、将軍と譜代が国事を独占する政治の体制そのものが大きく変わることになってしまう。

直弼は、水戸家に命じて、勅書の諸藩への伝達を差し止め、条約調印に至った事情を釈明するため、老中の間部詮勝を上京させた。この勅書は安政五年の干支《えと》にちなんで、「戊午《ぼご》の密勅」と呼ばれ、内容自体はさまざまなルートを通じて即座に知れ渡っていた。

三　反対派への大弾圧―安政の大獄とは？

九月十七日、京都に着いた間部は、まず反対派の捜査と捕縛に取り掛かった。条約調印問題が表面化して以来、これに反対し、広い意味で徳川家の政治独占体制を改革しようともくろむ勢力は、諸大名はもとより、民間にまで広がりつつあった。草莽浪士や「勤王の志士」と呼ばれる人びとの活動である。

彼らは、その運動の手がかりとして、水戸の老公斉昭の実子で一橋家を継いでいた慶喜を将軍継嗣の座につけることを企て、天子から、それを指示する内勅が出されるように、公家側に向けた政治工作を行なっていた。いわゆる「京都手入れ」である。それを代表する人物が越前の松平慶永の腹心、橋本左内であった。ただし、その工作は成功せず、継嗣は紀伊慶福《よしとみ》に定まり、七月に家定病死ののち、十月には天皇からも十四代将軍職継承を承認されていた（将軍宣下は十二月一日）。

【死罪】
安島帯刀（水戸藩家老）
茅根伊予之介（水戸藩右筆）
鵜飼吉左衛門
（水戸藩京都留守居役）
鵜飼幸吉（水戸藩士）
橋本左内（越前藩士）
飯泉喜内（三条実万家来）
吉田松陰（長州浪士）
頼三樹三郎（儒学者）

【辞官、謹慎、隠居など】
徳川斉昭（前水戸藩主）
徳川慶喜（一橋家当主）
徳川慶恕（慶勝・尾張藩主）
松平慶永（越前藩主）
伊達宗城（宇和島藩主）
山内豊信（土佐藩主）
近衛忠熙（左大臣）
鷹司輔熙（右大臣）
一条忠香（内大臣）
岩瀬忠震（外国奉行）
川路聖謨（勘定奉行）

図13　安政の大獄の主な処分者

図14　京都市東山区長楽寺にある鵜飼吉左衛門・幸吉父子の墓
（著者撮影）

さらに、「戊午の密勅」降下についても、直弼は、水戸斉昭からの要請工作があったものとみなした。これらの周辺で活動する草莽を含め、直弼以下から見れば、京都では容易ならぬ「悪謀」「陰謀」がうごめいていたのである。このような情報を江戸の直弼に送っていたのは、かつての国学師匠で、いまは井伊家の家臣に取り立てられていた長野主膳であった。長野の報告に危機感を抱いた直弼は、危険分子の一掃を決意した。

草莽浪士の捕縛は、すでに九月七日、信州松本の豪商、近藤茂左衛門に始まり、翌日には「悪謀四天王」の一人、若狭小浜の浪士、梅田雲浜に及んだ。何れも、公家側と共謀して、密勅降下工作などに関与したとの容疑である。

このような状況の中で入京した老中間部は、翌十八日には水戸家京都邸留守居役の鵜飼吉左衛門・幸吉父子の捕縛を命じた。吉左衛門は密勅の受領に直接かかわり、幸吉はそれを水戸まで運んだ当人である。

連累者の捕縛は江戸でも始まり、九月十七日に、もと三条家の家臣で、江戸・京都間の情報連絡にあたっていた飯泉喜内《いいずみきない》が町奉行所に捕縛された。安政元年(一八五四)、和親条約締結の頃から、これに反対する意見書を三条実万に呈するなど、活動歴の長い人物である。例の橋本左内も江戸の越前邸で謹慎させられ、翌年十月収監された。

彼らに対する取調べは、江戸の評定所で行なわれ、翌安政六年十月まで続いた。結局、水戸関係者が一番の重罪で、家老安島帯刀が切腹、茅根《ちのね》伊予之介・鵜飼吉左衛門らが死罪、幸吉は獄門、その他では橋本左内、長州の吉田松陰らが死罪となった。結局、この事件で処分された者は、政府内で左遷された岩瀬忠震(通商条約調印時の全権)などまで含めれば、百数十人に上ると見られる。

四　桜田門外の変1　なぜ襲撃にいたったか

老中間部は、反対派を捕縛する一方、それがひと段落した安政五年(一八五八)十月二十四日、所司代酒井忠義《ただあき》とともに参内し、関白九条尚忠、武家伝奏広橋光成・同万里小路《までのこうじ》正房と会見した。間部はその席で、通商条約に調印しなければ諸外国と戦争になるが、武備が整わない現在、とても勝ち目がない、いずれ武備を整えた後には改めて諸外国を追い払うつもりであると釈明し、あわせて密勅降下の経過についても、水戸斉昭の陰謀によることを強調した。

関白を通じた天皇側との折衝は、三次にわたって行なわれたが、十二月二十四日になって天皇も、この釈明を了解し、鎖国への引き戻しを猶予するという勅書を降した。つまり、将軍としても、やむを得ずに調印しただけで、いずれは「鎖国の良法」に戻すのだな、それなら今のところはよろしいという意味である。

この勅書は、折衝経過の詳しい報告とともに、間部から江戸の直弼に伝えられ、将軍側を喜ばせた。直弼はさっそく、この事実を諸大名にも公表しようとしたが、公用人宇津木六之丞は反対した。この勅書が公表されれば、外国側にも伝わり、たちまち抗議が出るというのである。たしかに、勅書の内容は、のちの通商条約破棄を公約するようなものだから、外国側から異論が出るのは当然だった。これに気づいた直弼は、公表を見送ることにした。その結果、違勅調印の非難が避けられなくなってしまったのである。

条約勅許のほうは、このような事情で、その解決はあいまいなまま先送りされることになった。もう一方の問題である戊午の密勅についても、そのままにはしておけない。諸大名が評議して事態に対処せよ、という内容は、いつ息を吹き返すか分からない。そのため、直弼は、水戸家に命じて、勅書を天皇に返却させようとした。直弼は、関白を通じて、天皇から返却を命ずる沙汰書を降してくれるように要請し、沙汰書は安政六年二月に京都所司代に渡されたが、文言の修正に手間取ったあげく、確定は同年十二月までずれ込んだ。十二月十五日、直弼は、水戸家の当主慶篤に対し、勅書を三日以内に差し出すよう命じた。

水戸家側でも、このような事態を予想し、江戸邸にあった勅書原本を、十月には水戸城内に移し、あくまでも守り抜く姿勢をとっていた。これを取りあげられては、水戸家としても全面敗北の形になってしまう。ところが、そのうち水戸家内部が、ここは穏やかに返納しようという鎮派と、断固死守を主張する激派とに分裂し、収拾がつかなくなってしまった。ここに至って、激派の首領株、高橋多一郎らは直弼の暗殺を決意したのである。

五　桜田門外の変2　誰が、いつ、どのように襲撃したのか?

水戸の激派のあいだで、大老襲撃計画が具体的に定まったのは、安政七年(一八六〇・三月末に万延と改元)三月一日である。その日、金子孫二郎はじめ同志十数名は、江戸日本橋の茶屋に集まって計画を練った。三月三日、登城の最中に桜田門外で襲うというのは、このとき決まったことである。その日は上巳《じょうし》の節句で、諸大名総登城の式日であるから、大老も必ず登城する。それに、桜田門外は、諸大名の供待ちの場所で混雑するところだから、かえって人目に付きにくい。また、十分討ちとめても、必ず直弼の首級《しゅきゅう》を挙げることが申し合わされた。これは、政治的な効果の大きさを狙ったものである。

翌二日の夜、同志は品川の妓楼で訣別の宴を開き、徹夜で痛飲し、気勢を上げた。三日の朝、そこを出るとき水戸家に宛て、暇乞いの願書を書いた。彼らが「水戸浪士」といわれるのは、この措置のためであり、以前から公式に士籍を除かれていたわけではない。

「水戸浪士」たちは、折から降り始めた雪を天の助けと言い合いながら、芝愛宕山上をめざした。ここで薩摩浪士有村次左衛門と落ち合い、襲撃団は都合十八名と定まり、最後の打ち合わせで、関鉄之助を現場の指揮者とすることなど役割分担を取り決めた。

山を降った浪士らは桜田門外に着くと、さりげなく道の両側に散って、「武鑑」(大名の名簿)を手に、大名行列を見物する田舎武士を装って、その瞬間を待ち受けた。行列が現場に差しかかったのは、五ツ半(午前九時)頃である。

先頭を襲う役の森五六郎が道端にうずくまり、訴状を差し出すまねをした。井伊家の供頭が近づくや否や、森は抜き打ちに切りつけた。直後に一人が狙撃と合図を兼ねて、駕籠をめがけてピストルを撃ち、銃弾は直弼の腰を貫いた。銃声を合図に、道の右側から六名、左側から八名がいっせいに駕籠に向かって殺到した。井伊家の供侍は、先頭付近で起きた騒動に気をとられて、そちらに駆け寄っていたために、かえって駕籠脇が手薄になったのである。襲撃団の計略が、まんまと図にあたったのであった。

最初に駕籠に刀を突き入れたのは、稲田重蔵だったという。続いたのは、海後《かいご》蹉磯《さき》之助《のすけ》らであった。海後は、襲撃浪士のうち数少ない生き残りで、自分が突き入れたときは、果たして確かな手ごたえがあったという、生々しい回顧談を残している。すでに虫の息だった直弼を駕籠から引き出して、その首を落としたのは、薩摩の有村次左衛門である。有村は、首級を刀の先に突き刺し、高らかに勝どきをあげた。それに気づいた襲撃団はあっという間に四散して、逃走に移った。その間、わずか数分の出来事である。もっとも、無事に逃げおおせたのは関・海後ら五名だけで、残りは自刃もしくは自首する結果になった。

六　主君の仇を討てなかった井伊家の立場

襲撃現場と彦根井伊家の邸とは目と鼻の先で、ほんの数百メートルしか離れていない。襲われた直後、仲間《ちゅうげん》の一人が逃げ帰ってきて、急を告げた。居合わせた家臣たちが五十名ほど、文字通りのおっとり刀で現場に駆けつけたが、すでにあとの祭りだった。

しかも直弼の首が奪われたことを知って、家臣たちは青くなった。そもそも主君が路傍で討ち死にしたとあっては、世が世なら御家断絶は免れず、さらに首を奪われたままでは、大恥というしかない。幸い、首のゆくえは間もなく判明した。首を抱えたまま有村が、その門前で自刃した若年寄の遠藤胤統《たねおさ》邸に保管されているという。井伊家では、さっそく使者を立て、現場で討ち死にした供侍の首と称して、これを引き取った。

そのあとは、政治的な処理が待っている。井伊家の家臣たちは、いまにも水戸邸に討ち入ろうとは

図15　寛永年間以来井伊家の飛び地領でもあった世田谷区の豪徳寺にある直弼の墓
（著者撮影）

やりたった。それが武門の習いというものである。しかし、公用人の宇津木六之丞や家老の岡本半助はじめ重臣は、激昂する家臣たちをなだめながら、老中と連絡をとって、事態を穏便に収めるための政治工作に取り掛かった。

このときの老中は、松平乗全《のりやす》・内藤信親・脇坂安宅《やすおり》・安藤信睦《のぶゆき》（のち信正）の四名である。彼らは直ちに協議して、まず大老の横死をおおやけにしない方針を定めた。おおやけにすれば、井伊家はもちろん、「浪士」とはいえ、下手人を出した水戸家についても、処分を下さねばならなくなる。そうなった場合の政治的な影響の大きさは、計り知れない。

そのため、老中は井伊家に指示して、直弼の名前で遭難の届け書きを提出させた。

登城の途中、狼藉者に襲われ、取り押さえ方を指揮したが、怪我をしたのでひとまず帰宅した、という内容である。当然ながら、まだ生きていることにされている。さらに老中は、井伊家を取り潰すような厳しい処置は採らないので、家中下々まで安心するように、決して軽挙妄動してはならないと伝達し、家中の動揺を抑えた。

三月晦日にいたって、直弼は大老を免じられ、閏三月二十日、井伊家は直弼が病気危篤に陥ったと上申した。怪我が、いつの間にか病気にすりかわっている。同晦日、井伊家はついに喪を発し、四月十日、遺骸を世田谷の豪徳寺に葬った。この間に、長男の愛麻呂《よしまろ》(直憲)を嫡子とすることが届け出られ、四月二十八日には無事に遺領の相続が認められて、井伊家はともかくも安堵の胸をなでおろしたのであった。なお、井伊家から見て、仇敵とも言うべき水戸斉昭は、事件から半年後の八月、急死した。巷では、井伊家の刺客に暗殺されたとの噂が飛び交ったのは当然だが、死因は持病の心臓発作である。

七　密勅のゆくえと政治情勢の変転

結局のところ、老中による事態の究明は徹底していない。事件直後から、老中は水戸家の動きを警戒し、町奉行・目付に命じて小石川の水戸邸を監視させるいっぽう、自首した浪士の取り調べから、斉昭の内命を受けたものという言質《げんち》をとって、水戸家追及の手がかりにしようとしたが、さすがに証拠はあがらなかった。

それどころか、事件後、徳川政権の陣容は大きく様変わりしていった。閏三月一日には、久世《くぜ》広周《ひろちか》が一年半ぶりで老中に返り咲いた。久世は嘉永四年（一八五一）から七年間近く、老中の地位にあったのだが、もともと水戸斉昭や越前の松平慶永らと近い関係にあり、そのため直弼が大老に就いて半年後の安政五年十月に、老中から追われていたのである。その久世の老中への復帰は、政権内部の井伊色がはっきり薄まってきたことを意味していた。ついで四月には松平乗全《のりやす》が老中を辞任した。これらの人事は、おそらく安藤が中心に進めたものであろう。こうして、いわゆる久世・安藤政権が成立し、直弼の大老在任時に見られた強権的な姿勢は、すっかり影を潜める結果になった。老中の異動は、六月に本多忠民《ただもと》が就任、十一月に脇坂安宅《やすおり》が辞任、十二月に松平信義《のぶよし》が就任と年末まで続く。

老中による事件取り調べは曖昧なままに推移したが、それでも、後始末の一環として、棚上げ状態の密勅返納問題だけは処理しておこうとした。水戸家を全く処分せずでは井伊家が収まらないし、といって事件そのもので処分するのは無理である。そこで、そもそもの原因の密勅について、天皇から改めて水戸家に返納を命じてもらい、遅れたことを理由に水戸家を処分に持ち込み、井伊家の顔も立てて事態を収めようという狙いである。

老中は五月、これを天皇側に申請し、六月になって、水戸家に返納を命ずる勅書が出た。ところが、この勅書では、老中からの原案とはだいぶ異なって、「違勅にもあい当たり」といった厳しい言葉は、すべて削られていた。これでは、とても水戸家を処分に持ち込むことなど出来そうもない。そのため、老中は、これを水戸家に伝達しなかった。

水戸家対策が暗礁に乗り上げた、ちょうどその頃の八月十五日、先に触れたように斉昭が急死した。老中は、これを名目に返納猶予を許可し、結局は、この問題もうやむやになってしまった。なお、密勅の写真は残されているが、原本の所在は、現在知られていない。

斉昭の死後、久世・安藤政権は、いったん破綻をきたした公武の融和を図るため、和宮降嫁を推進しようとした。天皇の実妹を十四代将軍家茂の正室に迎えようというのである。この計画は直弼の大老在任当時から、すでにあり、この年二月以来、天皇に対して請願がなされていた。計画が実現すれば、天皇と将軍は義兄弟の関係で結ばれることになる。

天皇は、この後七、八ヵ年ないし十ヵ年を期して、通商条約を破棄するか、あるいは外国を打ち払うか、いずれかの策を実行することを条件に、降嫁を勅許した。和宮は翌文久元年(一八六一)四月、内親王宣下を受け、「親子《ちかこ》」の名を賜ったうえ、十月に京都を発ち、江戸に下向した。家茂との婚儀が執り行われたのは、翌年二月十一日である。ちなみに二人とも弘化三年(一八四六)生れで、数え年の十七歳であった。

しかし、この降嫁は、尊王攘夷の立場に立つ勢力からは、「幕府」の勢力を保つため、「朝廷」の権威を利用しようとしたものとして、強い批判を浴びた。そのため、推進者の老中安藤信正は、婚儀の直前の正月に、坂下門外で水戸浪士らに襲われた。桜田門外のときと同様のパターンだが、さすがに同じ轍を踏むことはなく、襲撃側は全員がその場で討ち取られ、安藤は背中に軽い傷を負っただけで済んだ。

しかし、政治的な生命は別問題である。安藤は、そのうしろ傷を名目的な理由として、徳川家内部の旗本たちから、強硬な突き上げを食らい、ついには老中を辞任せざるを得なくなった。大小目付を中心とする中堅旗本層は、文字通り、徳川家の直臣であり、この文久二年頃には、外部勢力から徳川家を自立させようという動きを見せ始めていた。旗本には、天皇や外様大名はもとより、老中でさえ一人の大名領主であり、徳川家と完全に利害関係が一致するものではないという考えがあった。ついで、この年四月には、薩摩の「国父」島津久光が兵力を率いて上京、さらに勅使を擁して江戸に下向し、将軍に対して国政改革を要求するという事態が起きた。これを機として、かつて直弼に排斥されていた一橋慶喜や越前の慶永（春嶽）らがいっせいに政局復帰を果たし、政局は、次の課題である攘夷の実行へ向けて大きく展開し始めるのである。

第十二章　横井小楠

一　もとは儒学者

横井小楠は新政府の参与となって八ヵ月後の明治二年（一八六九）正月、暗殺された。新政府が成立してから明治十一年（一八七八）五月、内務卿大久保利通の暗殺まで、未遂を含め、五件の要人暗殺事件が起きるが、小楠のそれが最初である。

小楠横井平四郎は肥後熊本出身の儒学者だが、その卓越した政治論は、安政年間（一八五〇年代）から高く評価され、新政府の参与（評議員に相当）に召し出されていた。その小楠を暗殺したのは、新政府の政策に反対し、これを覆《くつがえ》そうとする勢力である。当時は、新政府の要人のすべてが命を狙われていたといってもよい。そのあたりの事情を含めて、まずは小楠が登用されるまでの道筋をたどってみよう。

文化六年（一八〇九）八月十三日、熊本細川家の家臣の家に生まれた小楠は、細川家の学校（藩校）時習館に学んで秀才振りをうたわれ、天保八年（一八三七）には居寮長（寄宿生の監督役）になった。天保十

1809年	横井小楠(平四郎)、肥後国の坪内町に、細川家臣・横井時直の次男として生まれる。
1818年	学校時習館に入校する。
1837年	時習館居寮長になる。
1839年	主命により江戸へ遊学する。
1843年	帰国後、私塾を開く。
1855年	自宅を「四時軒」と名付ける。
1858年	越前の福井に招聘され、学校明道館で講義を開始。
1862年	「国是七条」を書く。
1863年	福井を離れ熊本へ帰国。
1869年	反開化派浪士に襲われ、殺害される。

図16　横井小楠略年表

年(一八三九)には江戸遊学を命ぜられ、江戸では、水戸学の大家として知られる藤田東湖と親交を結び、おおいに政治論を戦わせた。しかし小楠は、酒席で失敗を仕出かし、一年足らずで遊学を取り消され、帰国する羽目になった。

その後、小楠は、自分の塾「四時軒《しじけん》」を開いて門弟を教え、領外にも人脈を広げて、先進的な考えを持つ儒学者として広く名を知られるようになった。安政三年(一八五六)までには、西洋諸国の政治をまっとうなものと認め、むしろ、これと積極的な交渉を持つべき、という「開国論」を唱えるようになっている。

その小楠の議論に、越前松平家の当主、慶永(春嶽)が注目し、政治顧問として安政五年(一八五八)三月、福井に招いた。小楠は、主著『国是三論』で日本全体の富国強兵策を論じ、また長崎を拠点に越前松平家の直営貿易を推進して大きな利益を上げた。文久二年(一八六二)、春嶽が政事総裁職に就くと、七月には小楠も江戸に呼び出され、全国の国政に参画する立場となった。さっそく将軍家茂の側役、大久保忠寛《ただひろ》(一翁)に、諸侯参勤を止め、「述職」(地方政務の報告)に替えることなど、三策を提言し、また春嶽にも、「国是七条」という改革策を呈し、将軍の上洛や積極的な貿易策などを進言している。

ところが、その十二月十九日、小楠は三人の刺客に襲われた。危うく逃れたものの、戦わずに現場を離れたことを咎められ、肥後熊本に召還、翌年には知行没収・士席から放たれるという処分を受けた。熊本郊外の沼山津《ぬやまづ》に閑居した小楠は、五年後の慶応四年(一八六八)四月、新政府の成立にともない、参与に召し出された。坂本龍馬が鹿児島から下関に行く途中で沼山津を訪れたのは、小楠閑居中の慶応元年(一八六五)のことである。

二　正月、白昼の惨劇

明治二年(一八六九)正月五日、前日に続き、新年二回目の参朝を終えた小楠は、午後二時頃、禁裏(皇居)西側の公卿門から退出し、内裏(現代の京都御苑)の東側、南寄りの寺町門を経て寺町通に出た。烏帽子《えぼし》、直垂《ひたたれ》の正装に身を包んだ小楠は、駕籠に乗り、周りを門人や警固番士など、四人が固めていた。駕籠は小楠の宿舎めざして寺町通を南下してゆく。宿舎は寺町通沿いで、丸太町通との交差点(内裏の東南隅)を過ぎて、百数十メートルほどのところにあった。

駕籠が禁裏を出た直後から、六人の刺客が見え隠れに、そのあとをつけ、寺町通丸太町のあたりで追いついた。彼らは、寺町門を出るあたりから黒覆面で顔を隠し、おそらく、寺町通より一本東側の通りを南に向かって走り、下御霊《しもごりよう》神社の南側をまわって寺町通に先回りしたもののようである。いっぽう、警固番士の二人は、駕籠から数十メートルも離れていたらしいが、これは小楠自身が大げさな供連れになるのを嫌い、わざと遠ざけていたのだという。まだ松の内とあって、通りは多くの人出でにぎわっていた。

下御霊神社の前を過ぎたあたりで、駕籠に向けて、ピストルが撃たれた。襲撃の合図と狙撃を兼ねたもので、桜田門外の変にならったものだろう。大老井伊直弼は、そのとき太股を撃ち抜かれたが、小楠には命中しなかった。同時に刺客六人が一斉に駕籠に駆け寄った。このとき、駕籠のすぐ脇にいたのは門人の松村金三郎だけだが、数人に斬り立てられ、あっという間に重傷を負って倒れこんでしまった。

襲撃者のうち、上田立夫と中井刀根男が、それぞれ駕籠の両側に迫り、刀を突き入れた。小楠は、その刃をかいくぐり、駕籠の外に滑り出ると、帯びていた短刀を抜いて戦った。小楠は居合抜きの達人でもあったが、この時すでに六十一歳の老体であり、病気がちでもあったから、それほどの体力があったとも考えにくい。一説によれば、刺客の大刀と十数合も打ち合い、短刀はボロボロになったというが、残されている短刀を見ると、大きな刃こぼれは二ヵ所くらいである。おそらく、立ち回りの余裕もないまま、すぐに斬り倒されたのであろう。

銃声が聞こえてすぐ、少し後ろにいた門人上野友次郎、それに警固番士横山助之進、下津鹿之助が駕籠に駆け寄ったが、襲撃側の二人にさえぎられ、いったん、その場から追い払われたようである。

あからさまに言えば、逃げたというほうが正確かもしれない。

瞬時の乱闘の末、警護する者が誰もいなくなった現場で、倒れた小楠の体から、鹿島又之丞が首級を挙げた。襲撃したのは、これまでに名前を挙げた三人のほかに、柳田直蔵、前岡力雄、津下《つげ》四郎左衛門の計六人である。

白昼、人通りの多い路上でのことだから、目撃談はいくつか残されている。事件現場の西側に瀬戸物屋があったが、店の番頭は目の前で始まった乱闘に腰を抜かした。それでも、番頭は店先にあった茶碗を片付けようと慌てふためいたが、刺客の一人は、「そんなに茶碗を片付けなくとも、お前たちには誰も構わないから」と声をかけ、悠然と斬りあいを続けたという。事実とすれば、ずいぶん余裕があったものである。

あるいは騒ぎが収まったあと、下御霊神社の鳥居の下の溝の中から、町人姿の男が真っ青な顔で、ガタガタ震えながら這い出してきたという話もある。たまたま事件に行き合い、命からがら、溝の中にもぐりこんだのであろう。

首級を提げて、その場から逃げ去ろうとした鹿島又之丞を、宿舎から駆けつけてきた門人の吉尾七五三之助《しめのすけ》が刀を抜いて追いかけた。吉尾はもともと足が速い男で、現場から西南へ五百メートルくらい離れた富小路《とみのこうじ》夷川《えびすがわ》下ル（京都御苑正面の真南三百メートル付近）で鹿島ら数人の襲撃者たちに追いつき、首を取り戻した。具体的な状況については、鹿島が吉尾に向かって首を投げつけたとか、道端に捨てて逃げ去ったなど、様々な話が伝わっていて定かではない。ともあれ、首が奪われたまま行方不明になるとか、三条河原にさらされる、といった、小楠側から見て最悪の事態だけは免れたわけである。現在、事件の現場には「横井小楠殉節地」という簡素な石標が建つ。昭和七年（一九三二）に再建されたものだ。

三　襲撃一味のその後

首尾よく、小楠の首級をあげた襲撃者たちは、ただちにその場から逃走を図った。しかし、彼らは、逃走のルートや手順までを、あらかじめ計画していたわけではなかったようで、そのルートなどはバラバラである。事件が起きた場所は、内裏（京都御苑）の間近だから、政府側にも、その知らせはすぐに届き、ただちに犯人探索が始まった。また小楠の宿舎にいた二十人前後の門人たちも飛び出して来て、師の仇を求め、市中を走り回った。

首を持った鹿島又之丞は、現場から西へ走り、内裏の正面を、やや南へ下ったあたりで、前岡力雄、中井刀根男、津下四郎左衛門と合流したが、先に触れたように、小楠門人の吉尾七五三之助に追いつかれ、首を持ち去ることをあきらめた。

そのあと、鹿島は、また一人になって、付近にあった上平主税《かみだいらちから》の寓居に逃げ込んだ。実は、上平は大和国（奈良県）十津川郷を本拠とする郷士のリーダーで、小楠暗殺計画の中心人物だった。実際に、襲撃の段取りなどは、前夜に、その寓居（俗にいう十津川屯所）で話し合われていたのである。

さて、ここで、小楠暗殺に関わった人物たちの素性を確認しておこう。襲撃者六人のうち、指揮者にあたるのは上田立夫で、石見《いわみ》国(島根県)の郷士。柳田直蔵は、もと大和郡山藩の足軽、中井刀根男と前岡力雄は十津川郷士、津下四郎左衛門は備前国(岡山県)の庄屋の息子、鹿島又之丞は、もと美濃国笠松県(岐阜県)の下級役人で僧侶でもあった。

襲撃者以外で、計画に加わっていたのは、上平のほか、大和国の郷士小和野監物《こわのけんもつ》、公卿広幡《ひろはた》家の家来谷口豹斎《ひょうさい》、和泉国(大阪府)熊取の豪農で元庄屋の中瑞雲斎《なかずいうんさい》、武蔵国(埼玉県)出身の神職塩川広平《ひろひら》、備中国(岡山県)笠岡出身の蘭法医宮太柱《みやたいちゅう》、出雲国出身の儒者金本顕蔵の計七人である。実際には他にもいたかもしれないが、逃げおおせて行方不明となった中井刀根男をのぞき、容疑をかけられて捕縛されたのは以上の十二人である。れっきとした武士は一人もいない。とくに実際に襲撃したのは全員が、政府側から見れば「浪士」と呼ばれるような人々である。

彼らのうち、真っ先に捕まったのは柳田である。乱闘の際に重傷を負い、現場から程近い民家の裏口で自害しようとしたが、失敗し、倒れているところを捕縛された。その懐中から、「斬奸状」が押収された。柳田は取調べを受けたが、言葉も、はっきりしゃべれない状態のまま、七日後に死亡した。このとき、谷口、小和野、鹿島の三人の名前があがったようである。

不思議なことに、柳田が捕縛されると同じ頃、正月五日のうちに早くも上平主税と塩川広平が身柄を拘束された。さらに、翌六日には小和野監物が、七日には谷口豹斎が捕まった。彼らの取調べが進められる最中、八日には宮太柱が捕まるとともに、金本顕蔵と中瑞雲斎が自首した。この時点で襲撃

図17　江戸時代は岸和田の岡部氏領だった大阪府熊取町の中家は、後白河法皇の熊野詣の折より文献に登場する豪農で、屋敷は重要文化財となっている
（著者撮影）

者は、柳田以外、五人全員が逃亡中である。

十四日には襲撃者の身元が判明し、指名手配がなされ、その日のうちに、京都市中に潜伏していた津下四郎左衛門が自首して出た。残るのは四人。彼らは事件当日の夜は、谷口の家にかくまわれたが、翌六日のうちに京都を脱出していた。

しかし、常識で考えてみれば、襲撃者がまず捕縛され、その取調べから背後関係が明らかになり、続いて、いわゆる「黒幕」にあたる関係者に逮捕の手が及ぶはずである。ところが、この事件では、襲撃者の取調べが本格化する以前に、その背後にいたはずの一味が、捕まり、あるいは自首して出た。

順序が逆のように見える。これは、どうしたことだろうか。

状況から判断する限り、十津川郷士を一つの中心とするメンバーが小楠を狙っていることは、すでに、政府側関係者に知られていたと考えるほかはない。だからこそ、小楠が襲われたと分かった途端に、上平主税らの十津川屯所が、真っ先に捜索を受けたのである。

ちなみに郷里に残る宮太柱の墓には、名前はもちろん、何も文字が彫られず、のっぺらぼうである。遺族が世間を憚って、あえてそのような墓を建てたと伝えられる。

四　小楠はなぜ襲われたか

柳田と津下を除く四人の襲撃者は、いったん高野山まで逃げ延びたが、鹿島と上田はそこで捕縛された。前岡と中井は、さらに故郷の十津川まで戻ったものの、放浪の末、前岡は翌年七月に中仙道垂井宿で捕縛された。中井の消息は知れない。

それにしても、彼ら十三人は、なぜ小楠を襲ったのだろうか。実は、小楠暗殺を快挙とする声は、巷《ちまた》にも多くあった。たとえば、「まっすぐに行けばよいのに平四郎、横井行くから首がころりと」といった狂歌まで流布《るふ》している。政府内でも、刑法官知事（法務大臣に相当）で公卿の大原重徳《しげとみ》などは、今回の事件は天の意志ともいうべきもので、犯人たちを寛大に処置するように、という意見書を出したほどである。

柳田が所持していた「斬奸状」には、小楠の悪巧みは、これまで数え切れないほどだが、とくに最近では、外国と結託して、「天主教」(キリスト教)を国内に蔓延させようとした、と書かれていた。

これは小楠個人に対する攻撃としてみれば、誤解である。しかし、新政府の政策の全体を、ヨーロッパのモデルを取り入れ、日本古来の伝統を破壊するもの、と受け止める人々が多くあったことも確かである。現に、新政府は成立早々の慶応四年(一八六八)正月には、「対外和親の詔」を発布して、外国とは和親を結ぶ方針を採ることを表明し、二月末には明治天皇による外国公使の謁見さえ実現させた。またキリスト教にしても、三月に掲示した「邪宗門」禁止の高札を、外国側の抗議を受けて、間もなく撤去し、その信仰を黙認する姿勢を示していた。

こうした政策は、もとより小楠が一人で実行したのではない。そもそも、今あげた新政策の方針は、小楠が参与に就任する以前から進められたものである。逆にいえば、小楠が、こうした政策の中心と見えるほど、その存在は、政府の中で大きいものに見えたのであろう。

ひるがえって見れば、小楠暗殺を謀った人々にしても、ただの無知な乱暴者というわけではない。たとえば、中瑞雲斎や宮太柱にしても、知識人であり、医師としても、周囲から慕われた人であった。また十津川郷士といえば、南北朝以来、「五百年勤王」の由緒を負って活動してきた勢力である。

明治初期の時点で、新政府は、まだ安定して続くものかどうかさえハッキリしていない。それが、やがては、憲法と議会を持つ近代国家として確立するという見通しなど、当時の人々にとっては、まだまったく立ってはいない。そのなかでは、さまざまな意見と立場が入り乱れていたのであった。

五　継承される小楠

大原重徳の意見書に見られるように、小楠暗殺犯を減刑するように、という要望は多くあった。このような声を政府も考慮しないわけにはいかず、犯人たちの刑は、なかなか決まらなかった。そのうち、九月には、弾正台（官吏の非違を監察する部局）が、減刑論を唱えるようになった。弾正台では、小楠にも非があった、ということを証拠立てるため、大巡察の古賀十郎を熊本に派遣して、小楠の過去の行動を調査させた。

そのなかで発見された小楠の著述とされる文書が、「天道覚明論」である。古賀が阿蘇神社に参拝したとき、前夜に拝殿に投げ込まれていた、として大宮司の阿蘇惟治《これはる》が差し出したという。この文書には、血統で王位を継承するのは天理に反している、という意味のことが書かれていた。

しかし、この文書は、まず間違いなく、小楠を罪に陥れるための偽作である。見方を替えれば、このような工作が行なわれるほど、小楠に反感を持つ者があった、という証拠にはなるだろう。

このような混乱を経た末、明治二年十月に刑が確定した。襲撃者の上田立夫・鹿島又之丞・津下四郎左衛門は死刑、上平主税・宮太柱・谷口豹斎は永久流罪《るざい》、中瑞雲斎・金本顕蔵は禁錮三年、塩川広平は禁錮百日である。

小楠は思想家であった。その思想の特徴は、儒教の原理を徹底的に押し詰めたところにある。

堯舜孔子の道を明らかにし、西洋器械の術を尽くさば、なんぞ富国にとどまらん、なんぞ強兵にとどまらん、大義を四海に布《し》かんのみ。

これは慶応二年（一八六六）四月、甥の左兵太と大平がアメリカ留学に向かうとき、送った詩であり、小楠の代表作である。東洋の思想と西洋の技術を統一すれば、理想の政治ができる、と言う。それを小楠自身は、実現させる機会がなかった。しかし、その思想は、さまざまな人々に、さまざまな形で受け継がれていったのである。

第十三章　大村益次郎

一　村医者から大臣に

兵部大輔《ひょうぶだゆう》（国防副大臣）大村益次郎は、明治二年（一八六九）九月四日、京都の宿舎で刺客に襲われ、二ヵ月後に亡くなった。横井小楠に続く、二人目の政府要人の暗殺である。もとは一介の村医者に過ぎなかった大村は、どうして暗殺される結果になったのだろう。

文政八年（一八二五）、周防国《すおうのくに》（山口県）吉敷郡《よしきぐん》鋳銭司《すぜんじ》村の医師の家に生れた大村は、二十三歳のとき、大坂に出ると緒方洪庵の適塾に入門して、最新のオランダ医学を学び、三年後には塾頭になった。翌年には郷里に帰って開業したが、まったく流行《はや》らなかった。愛想のよい挨拶など、とてもできない人柄だったから、開業医には向かないのである。

嘉永五年（一八五二）、また大坂に出た大村は、洪庵の推薦で、宇和島の大名、伊達家に雇われ、西洋兵学書の翻訳や蘭学の教授にあたった。やがて、主君の参勤出府にともない、江戸に出ると私塾を開くが、このころには、すでに新進の洋式兵学者として名高く、万延元年（一八六〇）には毛利家に召

1825年	周防国鋳銭司《すぜんじ》村に村医の長男として生まれる。
1843年	豊後国にて広瀬淡窓《たんそう》の私塾に入門。
1846年	摂津国大坂の適塾に入門。
1850年	適塾を退塾し、医業を開業。
1851年	琴子と結婚する。
1853年	宇和島にて、西洋兵学の翻訳や蘭学の教授となる。
1856年	江戸において私塾を開塾。
1857年	幕府の講武所教授になる。
1860年	桂小五郎(木戸孝允)に招かれて、長州毛利家に召し抱えられる。
1866年	第2次長州征伐で指揮を執り、長州を勝利に導く。
1868年	上野戦争にて、彰義隊討伐軍を指揮し、1日で掃討する。
1869年	兵部大輔になる。京都の旅館にて、刺客に襲われる。一命を取り留めるが、このときの傷が元で、手術を受けるも、死去。

図18　大村益次郎略年表

抱えられた。

このあと、長州にとって多難な時期が続くが、大村は木戸孝允の信頼を得て、長州政府の幹部として地位を固める。「大村益次郎」と改名するのも、実は慶応元年(一八六五)十二月のことで、それまでは「村田蔵六」である。

大村が真価を発揮するのは、慶応二年(一八六六)、幕長戦争のときで、四十二歳の壮年である。大村は、石州口(島根県との境)の作戦を指揮して、幕府軍を打ち破った。その作戦が、いちいち図に当たるので、これまで大村を軽視していた者も、にわかに態度を改め、敬意を表するようになった。

やがて、新政府が成立すると京都にのぼり、軍防事務局判事という役に任ぜられ、閏四月には江戸に行き、制度の改定によって軍務官判事となった。このころは、制度名称がしばしば変わるが、要は新政府軍の司令官である。五月十五日には、上野の山に立て籠もっていた旧幕府の彰義隊を、ただ一日の戦闘で掃討した。この作戦をめぐって、薩摩の海江田武次《かえだたけつぐ》とのあいだに対立が生じたといわれ、それはのちにまで尾を引く。大村は、続いて本格化した戊辰東北戦争でも、とくに兵站《へいたん》（食料弾薬などの補給事務）において、見事な手腕を見せた。九月二十二日の会津開城も、予測どおりだったという。明治二年（一八六九）六月、「版籍奉還」が実現し、それまでの大名領は地方制度の「藩」となった。七月には官制改革にともない、兵部大輔《ひょうぶだゆう》になった大村は、徴兵制を軸とする国軍の創設をめざした。しかし、この兵制改革は、それまで軍事を独占していた士族から見れば、特権剥奪に等しかった。

二　木屋町二条の惨劇

兵部大輔となって間もなく大村益次郎は、京阪地方に軍事施設を設けるため、視察の目的で、東京を発し、中仙道を通って京都入りした。京都着は八月十三日である。東海道ではなく、わざわざ中仙道を通ったのは、すでに大村を付け狙う者が多く、その襲撃を避けるためである。東京の兵部省でも、大村の身を気遣い、急使を発して呼び戻そうとしたほどであった。

しかし、大村は着京の翌日から伏見の練兵場で調練を検閲し、また宇治川をさかのぼって火薬庫の設置場所などを見て回った。さらに大阪に下って、安治《あじ》川河口の天保山で海軍基地の予定地を調査するなど、精力的に走り回る。そのいっぽう、大村を襲撃しようとする者の影が絶えず、急にコースを変更して身をかわすなど、苦心惨憺のありさまだった。

京都木屋町二条下ルの宿舎に戻った大村は、八月十八日付で、箱根で休養中の木戸孝允宛に手紙を送り、京都も最近は穏やかであると、安心させるようなことを書いているが、木戸を心配させまいとする心遣いである。

九月四日の午後六時ころ、大村は、宿舎の二階奥にある四畳半の座敷で、折から訪問中の山口藩の大隊司令静間彦太郎、英学教授安達幸之助と歓談中であった。そこへ、二人連れの男が玄関先を訪れ、応対に出た若党の山田善次郎に、「大村殿に面会したい」と申し入れた。大村は、「もう夜分だから、公用なら、明日、役所に来てくれ」と答えた。このやり取りで、二人は、大村が奥の座敷に確実にいることを知ったのである。二人は、「いや、ぜひとも今晩のうちにご面会したい」と頼み込み、山田が奥へ引き返そうと背を向けると、いきなり抜き打ちを浴びせた。山田は、その場に倒れ伏した。

二人は、そのまま踏み込んで二階に駆け上がり、大村めがけて切りつけた。初太刀は眉間をかすめただけだが、続く二の太刀で右膝を深く切られた。静間と安達も、脇差を抜いて渡り合ったが、とっさのことで応戦もままならず、鴨川に面した窓から、河原に飛び降りた。このとき、安達が、「おれが大村だ」、と叫んで敵を引き付けたともいう。

しかし、河原にも襲撃の一味が待ち伏せしていた。静間と安達は飛び降りたところを切りつけられ、たちまち倒されてしまった。襲撃者は、顔立ちの似ていた安達を大村と誤認し、「しめた、しめた」と叫んですぐに引き上げた。

屋内の別室には、従者の吉富音之助がいたが、この騒ぎに、ただちに刀を抜いて襲撃者と戦い、逃げ出した一人を河原まで追いかけて倒したものの、自分も重傷を負った。大村の護衛の篠田武造は、なぜか、その場にいなかった。

大村自身は、安達らが窓から飛び出したときの混乱にまぎれて、階下へ降り、湯殿の風呂桶の中に身を隠した。しばらくして、西側向かいの山口藩邸から救援隊が駆けつけると、大村は、風呂桶から出てきて、「ご心配くださってありがとう。私も、しばらくサザエの真似をしました」と、冗談を言ったという。

最初に玄関先から踏み込んだのは、元山口藩士の団伸二郎、元久保田(秋田)藩士の金輪五郎で、あとから白河(福島県)浪士の伊藤源助、元山口藩士の太田光太郎、三河(愛知県)浪士の宮和田進が続いた。河原で待ち伏せていたのは元山口藩士の神代直人《こうじろなおと》、越後(新潟県)浪士の五十嵐伊織、信濃(長野県)浪士の関島金一郎。計八人である。このうち、宮和田は負傷のため、逃げ切れずと見て、仲間の手で斬首された。彼らのうち、北陸方面に逃走した団・太田・五十嵐・金輪の四人は、事件三日後の七日に福井で捕縛され、伊藤も十一日に京都で捕まった。神代は十月に山口藩内で捕まると同時に処刑され、関島も郷里で捕縛された。

大村の負傷は、それほど重いものではなかった。知らせを聞いた木戸孝允が、大村は負傷したが、命に別状ないと知って安心した、と日記に書いているくらいである。ところが、感染症を発した右膝の治りが意外に悪く、大阪府の病院でオランダ人医師ボードウィンの治療を受けることになり、十月二日、高瀬舟に乗せられて伏見に下り、ついで淀川を下って大阪に護送され、大阪城の西南にあった大阪府病院に入院した。そこで、右膝から下の切断手術を受ける。大村は、その右足を、恩師緒方洪庵の墓の脇に埋めるように言った。実際に、その石碑は、大阪市北区の龍海寺に残り、俗に「大村益次郎の足塚」と呼ばれている。

そのあいだに、長崎時代から親しかったシーボルトの娘イネが呼び寄せられ、看護にあたっていたが、経過は思わしくなく、高熱が続いた。それでも、一時は回復の様子を見せたが、症状は再び悪化し、ついに十一月五日に亡くなった。

大村の残した言葉は、多く知られている。そのなかで最も有名なのは、「兵は縦に養って横に使う」であろう。徴兵によって訓練しておいた兵を、有事の際に召集して、一時に大きな軍事力を備える、という意味である。徴兵制軍隊の特徴を的確に言い表したものだが、このような言葉を生み出せるのは、近代的な軍隊というものの本質を知り抜いていた証拠といえそうだ。士族にとって見れば、始末に負えない人物に見えたことであろう。

三　事件の背景

大村が襲撃されて十日後の九月十四日、政府は、犯人を厳重に探索するようにとの布達を出した。さらに二十九日には、判明した襲撃一味の氏名を掲げ、見つけ次第召し捕るようにとの布達が重ねて出された。その別紙には、先にあげた八人のほかに、「土州藩」として、岡崎強助・堀内誠之進・坂野治郎・河野某・堀内了之助の名前が記されている。この五人が実際に襲撃に加わっていたのか、それとも連累者という意味なのかはっきりしないが、十三人が指名手配されたことは確かである。もっとも九月末の時点で、その十三人のうち、団伸二郎ら五人はすでに捕縛され、一人は死んでいる。

その背後関係について、木戸孝允は盟友の参議広沢真臣に宛てた十月十五日付の手紙で、薩摩の海《か》江田信義《えだのぶよし》(武次)が扇動したという説があるが、事実とすれば誠に恐れ入ったことだ、と書いている。政府要人の襲撃の背後に、同じ政府の、しかも京都弾正台の責任者である海江田がいる、というのだ。ちなみに、海江田は、桜田門外の変で井伊直弼の首を挙げた有村次左衛門の実兄である。

これは、必ずしも、大村と海江田の個人的な確執というだけではない。もともと、兵制論議をめぐっては、木戸・大村らの長州派と、大久保利通・海江田らの薩摩派の間で対立があった。農民をも対象にした長州派の徴兵制論に対し、薩摩派には、あくまでも士族軍隊を維持しようという気味が根強くあったのである。大村が亡くなってから後のことだが、そのあとを継いだ山縣有朋によって、明治六年(一八七三)に徴兵令が施行される。そのとき、薩摩出身の陸軍少将桐野利秋(中村半次郎)は、百姓を集めて人形を作ったところで何の役に立つか、と言い放ったという。

その海江田率いる京都弾正台が、大村襲撃犯の処刑に、横槍を入れた。十二月十日、すでに捕縛されていた犯人十一人は、京都粟田口《あわたぐち》の刑場に引き出され、まさに処刑が行なわれようとしたとき、京都弾正台は、弾正台を経ずに刑の執行はできないとして、これを中止させてしまったのである。

ちょうど同じころ、山口藩内では、旧奇兵隊士らの反乱が起きていた。戊辰戦争後に、山口藩は、かつて幕府と対抗するための大切な戦力であった奇兵隊などの諸隊を、藩の常備兵を精選するという名目で解散させた。この措置に憤った諸隊士が、処遇改善を求めて反乱を起こしたのである。山口では、帰郷していた木戸孝允が藩兵の指揮を執り、反乱諸隊を徹底的に鎮圧した。大村襲撃犯の主犯格は、団伸二郎と神代直人だが、二人とも山口藩出身で、とくに神代は御楯隊《みたてたい》の脱走者である。山口での不穏な動きと、大村襲撃とは、見えないラインでつながっているようだ。海江田以下、京都弾正台の不審な動向も、そのような状況と、まったく無関係ではなさそうである。

しかし、政府の方針は、いわゆる不平士族一般に対して、断固たる処置をとるというものであった。結局のところ、弾正台と京都府の役人は東京に呼び出されて叱責され、犯人の処刑は十二月二十九日に執行された。

図19　大村益次郎殉難報国之碑
（大阪市中央区法円坂）
（著者撮影）

現在、かつての大阪府病院の跡地の東南隅に、「兵部大輔大村益次郎卿殉難報国之碑」と刻まれた、高さ五メートルほどもありそうな巨大な碑が建つ。明治維新に関わる個人の顕彰碑としては最大級である。碑の前面には、刀を帯びて椅子に腰掛け、書物を読む大村の姿を描いたレリーフがはめ込まれている。文武両道を象徴しているかのようだ。

Ⅳ　明治国家を作り出す

第十四章　全国統一政府の成立

一　「王政復古」政変

慶応三年十二月九日(一八六八年一月三日)午前中から、禁裏(皇居)六門を、薩摩などの兵士がひそかに固めていた。政変が進められつつあるとき、そこにいるのは、皇族の有栖川宮熾仁《たるひと》親王・山階宮晃《あきら》親王・仁和寺宮嘉彰《よしあきら》親王、公家では、議奏の正親町《おおぎまち》三条実愛《さねなる》と長谷《ながたに》信篤、中山忠能《ただやす》・中御門経之・岩倉具視・大原重徳・万里小路《までのこうじ》博房・橋本実梁《さねやな》、武家では、松平春嶽(越前隠居)・徳川慶勝(尾張隠居)・山内容堂(土佐隠居)・島津茂久(薩摩当主)・浅野茂勲《もちこと》(芸州世子)の十六名だけであった。

彼らは「王政復古」の実行を天子睦仁《むつひと》(明治天皇)に奏上、裁可を得た。そのうえで、総裁・議定《ぎじょう》・参与という新政府の職制と、その人事を決定した。総裁は熾仁親王、議定は晃親王・嘉彰親王・中山・正親町三条・中御門、武家の議定は松平春嶽ら上記の五名、参与に大原・万里小路・長谷・岩倉・橋本である(大久保利通ら五大名家臣、各三名、芸州のみ二名、計十四名の参与任命は十二日)。

ついで彼らは「王政復古」を天皇の名において公布する宣言を審議し、採択した。いわゆる「王政復古の大号令」である。それは、十四日に諸侯へ、十六日に一般庶民へ布告される。そこでは、徳川慶喜の政権返上・将軍職辞退の両条を許可し、「王政復古、国威挽回」の基礎を建てること、そのため「摂関・幕府等を廃絶」、まず仮に総裁・議定・参与の三職を設置して万機を実行すべく、すべてのことについて「神武創業のはじめに基づき」、公家・武家をはじめとする身分の区別なく、「至当の公議」を尽くして政治を行なう旨が宣言されていた。すなわち、これまでの制度をすべて廃した日本国政府の成立宣言である。

その夜、小御所で開催された三職会議では、前将軍慶喜の処遇が、一番の議題となった。山内容堂は、慶喜を議定に登用すべきことを主張し、岩倉具視、陪席の大久保利通が、これに反対した。具体的には、慶喜は将軍を辞めても、内大臣の官職にあるのだが、それをも辞任し、かつ徳川家の領地を返上すべきというのが、岩倉・大久保の論であった。結論として、この辞官・納地問題は、越前の春嶽と尾張の慶勝が、慶喜との間に立ち、慶喜側から自発的に申し出るよう周旋することになった。

会議の結論が、このような形になったことは、岩倉・大久保側から見れば失敗であった。彼らとしては、あくまでも新政府から、慶喜とその配下の徳川家首脳部を排除しようとしていた。裏返せば、そのために起こしたものという側面も、この政変にはあったのである。

しかし、「至当の公議」をうたう新政府として、慶喜を完全に排除することはできなかった。慶喜は、土佐の後藤象二郎―春嶽のラインを通じて、薩摩が政変を計画していることを事前に知っており、政変直後の十二日には、無用の摩擦を避けるため、二条城を立ち退き、大坂城に入って成り行きを見守っていた。はたせるかな、辞官・納地は骨抜きとなり、年末には岩倉までが態度を軟化させ、慶喜の議定登用は、事実上、内定となった。

二　戊辰の内戦

慶喜にとって、最大の弱点は、会津・桑名をはじめ、徳川家臣団を掌握し切れていないことにあった。旗本たちの間には、薩摩の奸策とともに、慶喜の弱腰を非難する声が高かった。慶喜は、ついにその強硬姿勢を抑えきれず、「討薩表」を掲げた武装兵の上京を許した。結果から見れば、その状況判断の甘さが、彼にとって政治的な致命傷を招いたのである。

慶応四年(一八六八)正月三日夕刻、京都郊外の鳥羽街道に砲声が轟いた。入京しようとする徳川兵に向かって、薩摩の砲兵隊が放った一弾である。これを知って、東側の伏見の町でも、戦いが始まった。この時点では、まだ徳川と薩長との私戦である。

しかし、大久保らの主張により、翌日には嘉彰親王が征討大将軍に任じられた。薩長軍は、「官軍」となったのである。七日には、総裁熾仁親王から諸侯に、「慶喜の反情明白」とする追討令が発せられ、十日に至って、慶喜以下、会津容保(もと京都守護職)・桑名定敬(もと京都所司代)らの官位剥奪が通達された。この頃には大勢として、西日本の諸大名は、新政府の成立を承認する立場を取っていたのである。慶喜は七日の朝、軍艦に搭乗して江戸に逃げ戻っていた。

慶喜は、その後、徹底抗戦論を唱える勘定奉行小栗忠順《ただまさ》を罷免し、恭順論者で薩摩側ともパイプを持つ勝海舟を陸軍総裁に任じて政府側との折衝を委ね、みずからは上野寛永寺に謹慎した。政府側は、二月に総裁熾仁親王を東征大総督に任じて、京都以東から江戸へ向けた各地域の制圧を目指した。三月半ばには、東征大総督府参謀の西郷隆盛と勝海舟との会談で、江戸無血開城が確定し、慶喜は助命の上、実家の水戸で謹慎生活に入った。東征大総督の江戸入城は、四月二十一日である。

その間、京都では、三月十四日、五ヵ条誓文発布の儀式が行なわれていた。この儀式は、それまで曖昧であった、天皇と諸大名との間の君臣関係を、天皇が文武百官・諸侯を率いて、新国是を天神地祇に誓うという形式において確認したものである。この儀式を経ることによって、諸大名は、徳川家の家臣から天皇の臣下へと位置付け直されたのであった。

これらの措置を経て、閏四月二十一日、政体書が制定された。そこでは、「天下の権力、すべてこれを太政官に帰す、すなわち政令二途に出るの患いなからしむ、太政官の権力を分かって立法、行法、司法の三権とす」とうたわれ、立法担当の議政官以下、太政官七官が設置された。行政官には輔相二人（議政官の議定兼任）が置かれ、三条実美・岩倉具視が就任した。この輔相設置によって、それまで明確でなかった総裁と天皇との関係が整理され、天皇が万機の総攬者であり、輔相がそれを補佐するという君主親裁の体制がようやく明確化したのである。また、大名領を「藩」と称することも、政体書で発令された。

いっぽう、奥羽諸藩の間では、京都での新政府の動きを、薩長の私政と見て反発する空気が強かった。奥羽鎮撫総督九条道孝は、三月下旬、仙台に至り、仙台・米沢両藩に会津討伐を命じていたが、仙台・米沢は、名義不分明としてこれに応じず、むしろ会津の救済を歎願した。閏四月に入ると仙台・米沢など二十七藩重臣が仙台領白石に集会して、政府への対抗姿勢を確認し、二十日には奥羽への入り口に当たる白河で、政府軍との間に戦端が開かれた。五月三日、奥羽二十七藩は盟約を結び、まもなく、越後長岡藩(牧野家)など、越後六藩がこれに同調した。いわゆる奥羽越列藩同盟である。

しかし、政府側では、これに動揺を見せず、断固征討の姿勢を貫いた。白河口はもとより、越後方面でも激しい戦闘が続いたが、七月末に政府軍増援部隊が、同盟軍戦線の背後を衝いて、信濃川河口付近に上陸すると戦局は一気に政府軍有利に傾き、同盟軍は阿賀野川沿いに会津若松に向けて退却を余儀なくされた。会津は九月二十二日降伏し、同盟側諸藩も相ついで降伏、正月の鳥羽・伏見の戦い以来の内戦状態は、事実上終結した。なお、その直前、九月八日に慶応四年は明治元年と改元され、一世一元《いっせいいちげん》の制が定められていた。

三　版籍奉還

十月十三日以来、天皇は東京行幸中であり、政府首脳部も一時的に東京に移転している(十二月に帰京)。その政府は、内戦状態の終結を踏まえ、十月二十八日、「藩治職制」を公布した。それは、「天下地方、府藩県の三治に帰し、三治一致にして御国体相立つべし」というように、藩を政府直轄地（旧徳川領などを接収）の府県とならぶ地方制度として位置づけ、内部職制なども統一を図ることを令したものであった。この時点で、藩の性格付けは、いまだ曖昧である。藩主は、徳川家との臣従関係こそ解消されていたが、まだ家臣団を持ち、自分領を治める領主としての実態を持っていた。その実態を名実ともになくし、全国を完全に政府の直轄地とする体制を作ることが、国家制度のレベルから見て最大の課題であった。

その課題の実現は、当時の言葉で、「版籍奉還」と称された。土地・人民を天皇に返上するという意味合いである。この意味での版籍奉還論を、早くから唱えたのは、木戸孝允をはじめとする長州の出身者である。木戸は慶応四年（一八六八）二月から、政府首脳部に版籍奉還を建言し、九月までには、主君毛利敬親、薩摩の大久保利通ら有力者から基本的な同意を得ていた。木戸および配下の伊藤博文（当時は兵庫県知事）らの働きかけにより、明治二年（一八六九）正月には、長州の木戸・広沢真臣、薩摩の大久保、土佐の後藤象二郎・板垣退助の間で合意が成立し、肥前老公鍋島直正の同意も得て、その二十日、薩長土肥四藩主から、王土王民の理念にのっとり、「いま謹んでその版籍を収めて、これをたてまつる」とする上表文が提出された。政府はこれに対し、正月二十四日、「東京御再幸の上、会議を経、公論を尽くさせられ、何分の御沙汰あらさせられ候」と回答した。これにならい、六月までに大多数の藩が、同様の上表文を提出した。

三月、天皇と政府は、東京再幸を実現した。公式に表明されることはなかったが、事実上、東京を新首都と定めたのである。五月、かつて政体書がうたっていた官吏公選を実施し、政府中枢を独占し、基盤を固めた薩長土肥出身の官僚政治家は、その下旬には上局会議を開催、高級官員及び諸藩主に版籍奉還について諮問した。また、「藩治職制」が定める諸藩公議人二二七名を結集した公議所では、すでに三月から五月にかけて、封建・郡県論議が進められていた。

とくに公議所で交わされた議論は、深刻である。藩主層にとって版籍奉還は、必ずしも不利益をともなう事態ではない。彼らは、いずれ形はどうあれ、特権的身分と固有の家産を保障されるであろうし、当面は地方官として旧領管轄を委ねられる見通しも立つ。しかし、家臣にとっては、そうはいかない。主君が大名領主でなくなれば、自分たちは、理屈から言えば全員が召し放ちとなって、路頭に迷いかねないのである。大名からの土地・人民の返上とは、あからさまに言えば、大名家の自発的解散であり、「版籍奉還」は、その事態をオブラートに包んで言い表したものである。

公議人をはじめ、大名家臣たちは、自分たちの立場がそのようなものであることを十分に自覚していた。だからこそ、公議所の議論は紛糾し、明確な結論を出せず、封建存続論（家臣団存続）と郡県移行論（家臣団解散）が、相半ばするような形になったのである。

ともあれ、「公議は尽く」された。これを踏まえ、政府は六月十七日、「今般、版籍奉還の儀につき、深く時勢を察せられ、広く公議を採らせられ、政令帰一の思召しを以って、言上の通り聞こし召され候」と、勅許を下し、それまでの藩主は、旧領を管轄する地方官として、非世襲の知藩事に任命された。旧家臣との主従関係も消滅した。二百六十年にわたって存続した大名家は、ここに終焉を迎え、例えば長州毛利家は地方制度としての山口藩、薩摩島津家は鹿児島藩に置き換えられたのである。

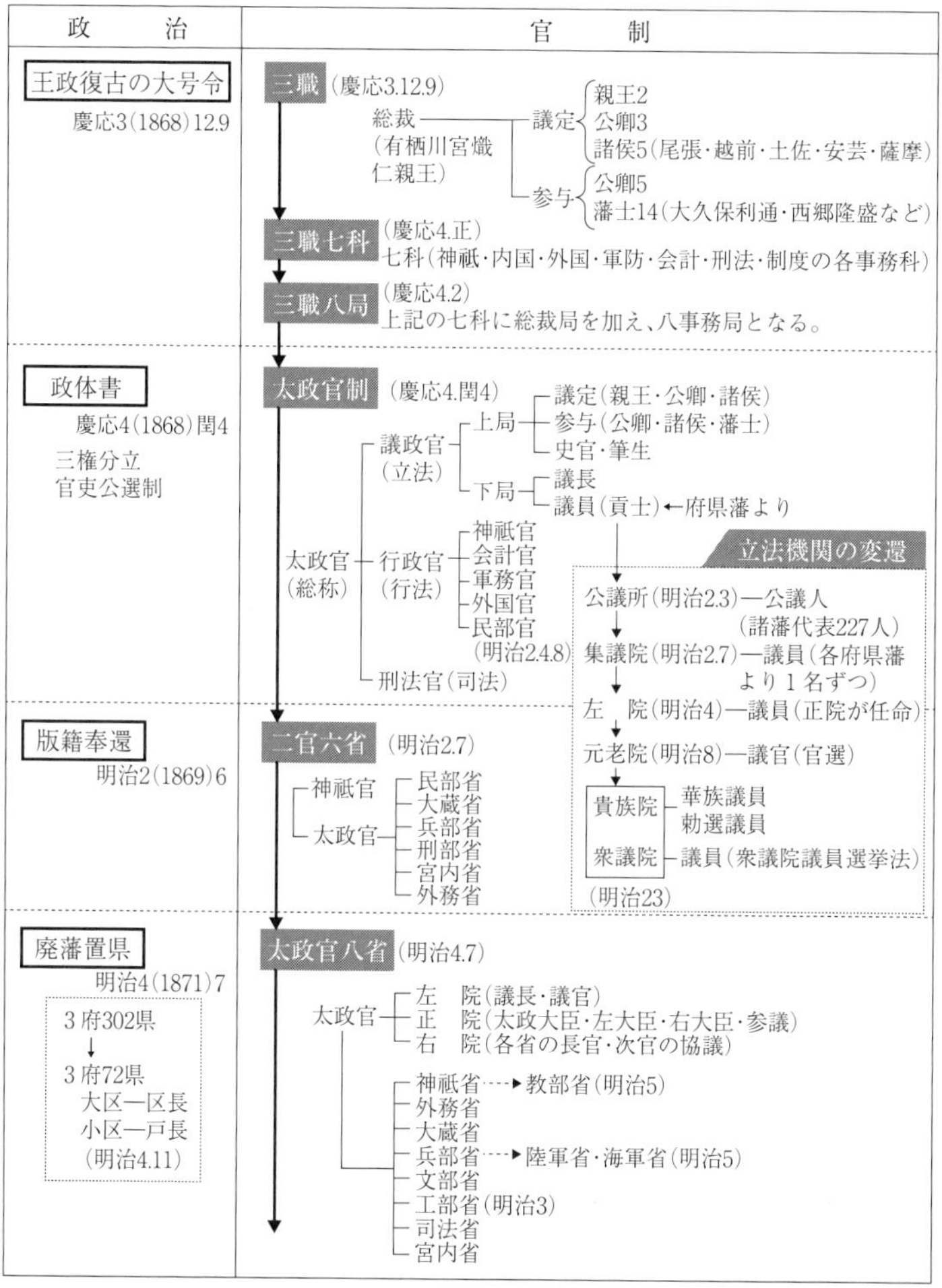
政　治
官　制
王政復古の大号令
慶応3(1868)12.9
三職
(慶応3.12.9)
総裁
(有栖川宮熾仁親王)
議定
親王2
公卿3
諸侯5(尾張・越前・土佐・安芸・薩摩)
参与
公卿5
藩士14(大久保利通・西郷隆盛など)
三職七科
(慶応4.正)
七科(神祇・内国・外国・軍防・会計・刑法・制度の各事務科)
三職八局
(慶応4.2)
上記の七科に総裁局を加え、八事務局となる。
政体書
慶応4(1868)閏4
三権分立
官吏公選制
太政官制
(慶応4.閏4)
太政官(総称)
議政官(立法)
上局
議定(親王・公卿・諸侯)
参与(公卿・諸侯・藩士)
史官・筆生
下局
議長
議員(貢士)←府県藩より
行政官(行法)
神祇官
会計官
軍務官
外国官
民部官
(明治2.4.8)
刑法官(司法)
立法機関の変遷
公議所(明治2.3)—公議人(諸藩代表227人)
集議院(明治2.7)—議員(各府県藩より1名ずつ)
左　院(明治4)—議員(正院が任命)
元老院(明治8)—議官(官選)
貴族院
華族議員
勅選議員
衆議院
議員(衆議院議員選挙法)
(明治23)
版籍奉還
明治2(1869)6
二官六省
(明治2.7)
神祇官
太政官
民部省
大蔵省
兵部省
刑部省
宮内省
外務省
廃藩置県
明治4(1871)7
3府302県
3府72県
大区—区長
小区—戸長
(明治4.11)
太政官八省
(明治4.7)
太政官
左　院(議長・議官)
正　院(太政大臣・左大臣・右大臣・参議)
右　院(各省の長官・次官の協議)
神祇省
教部省(明治5)
外務省
大蔵省
兵部省
陸軍省・海軍省(明治5)
文部省
工部省(明治3)
司法省
宮内省

図20　官制の変遷①

時を措《お》かず二十五日、政府は知藩事に、諸務変革十一ヵ条を達し、旧支配地の総生産高はじめ、年貢諸税などを調査し、報告すること、現石（実収入）の十分の一を知藩事の家禄とすること、旧家臣をすべて「士族」と称すべきこと、などを令した。藩の制度と運営を規格に沿って統一し、府藩県三治一致の実現を図ろうとしたものである。なお、「士族」には、「家禄」と呼ぶ生活資源が現米で給付されることになった。それまで大名家臣は、主君から知行・俸禄を給せられ、これに対し、軍役を第一とする奉公の義務を負っていた。その関係が消滅した以上、知行・俸禄は全面廃止されて当然だが、さすがにそこまでは実施できず、家禄が給付されたのである。ただし、家禄が奉公の義務を伴わない以上、それまでの知行・俸禄に比較して大幅削減されるのは当然である。諸務変革は、それにともなう禄制改革をも命じていた。

七月八日、それまでの政体書に基づく太政官制を全面的に改革した職員令《しきいんりょう》が発せられた。まず神祇官・太政官を置き、太政官のもとに民部・大蔵・兵部・刑部・宮内・外務の六省を設けた。いわゆる二官六省制である。太政官は、左右大臣・大納言・参議によって構成される最高執行機関、六省は、それぞれ所轄の業務を担当する行政機関である。それまでの公議所は集議院に改組された。また、版籍奉還を受けて、藩においても、藩知事以下、執政・参政が地方官の大参事・小参事に改められて、府県職制との統一がめざされた。

四　廃藩置県

こうして設置された地方制度としての藩は、ある意味では、奇妙な存在である。すなわち、旧主君と旧家臣との主従制は解消されたものの、各藩知事はあいかわらず、以前の「殿様」であり、旧家臣たちは藩の役人として、行政を担っていた。もとより、藩庁冗員は淘汰され、簡素化・実質化が図られたが、何よりも藩兵という軍事力を持つことが、地方制度として異質な点である。政府首脳の中でも木戸孝允は、こうしたあり方を、中央政府が地方を制御できない事態を招くものと見て懸念していた。実際、木戸の出身地、山口藩では明治二年(一八六九)末から翌年にかけ、奇兵隊など戊辰戦争の主力となった兵士らによる反乱が発生し、木戸はその鎮圧に奔走しなければならなかった。

ここにおいて、藩に対する規制をさらに徹底し、府県との同一化を進展させることがめざされた。政府は、その規制法令である「藩制」の制定をもくろみ、明治三年(一八七〇)五月、集議院(府藩県の大参事が議員)にはかった。

その審議でとくに問題となったのは、藩財政の使途に関する条項だった。すなわち、藩収入の九〇パーセント(一〇パーセントは知藩事家禄)のうち、九パーセントを海軍費として政府が徴収しようとしたのである。これには、鹿児島藩・高知藩など有力藩から、それでは藩財政が保てないという強硬な反対意見が出された。鹿児島藩大参事伊地知正治は、途中で会議をボイコットするありさまだった。

結局、陸海軍費をそれぞれ四・五パーセントとすることで折り合いが付き、藩制は九月に公布された。これにより、藩庁運営費や家禄にあてられる藩財源は全体収入の八一パーセントに規制された。

この頃になると、財政的に破綻状態にある藩が多くなり、みずから廃藩(近隣府県への統合)を願い出る盛岡藩(南部家)・狭山藩(北条家)のようなケースや、家禄支給を思い切り均等化する藩などが現われていた。府藩県三治一致の限界が、体制的に露呈したといえるだろう。藩は、旧大名家時代の実質を失い、空洞化しつつあったのである。

ここにいたって、木戸や広沢真臣らの主張していた「真成郡県」を実施しようとする動きが、政府の少壮官僚を中心に具体化してきた。明治四年(一八七一)二月から六月までに、鹿児島・高知・山口の三藩から「親兵」八千が取り立てられ、兵部省の指揮下に置かれた。知藩事の一斉免官、すなわち廃藩置県への備えである。

廃藩に向けた動きは、山縣有朋をはじめとする山口藩出身の兵部省官僚のあいだで七月に入って急速に加速された。山縣から話を持ちかけられた新参議西郷隆盛は、予想に反してあっさりと承諾した。廃藩置県は、鹿児島・山口両藩の有力者の間だけで、秘密裏に計画されたのである。

七月十四日、在京中の各藩知事五十六名が皇居大広間に召しだされ、右大臣三条実美が詔書を読み上げた。それには、先に版籍奉還を許可し、知藩事を命じたが、その名ありて、その実あがらざるものあり、「よって、いま更に、藩を廃して県と為す」とあった。廃藩置県の実態を、ごく具体的に言えば人事措置であり、二百六十余人にのぼる知藩事は、一斉に免官となったのである。やがて彼らは

「華族」として、東京集住を命ぜられる。それとともに、県には、地元とは利害関係のない政府任命の県令が赴任していった。

この措置にともない、中央官制も改革された。太政官に正院《せいいん》・左院・右院を置く、三院制である。正院は天皇が親臨し、万機を決定する最高機関であり、大臣・納言（間もなく廃止）・参議が、これを輔弼する。左院は立法機関、右院は各省卿が構成する行政機関である。八月には神祇官が神祇省に格下げされ、これを加えて、外務・大蔵・兵部・司法・文部・工部・宮内の八省体制が成立した。文字通り、全国を統一した政府の成立である。それとともに、薩長土肥の四藩出身者が、政府中枢を掌握する体制が確立したのであった。

正　院（最高官庁）	太政大臣		三条　実美	公卿
	左大臣		欠	
	右大臣		欠	
	参　議		木戸　孝允	長州
	参　議		西郷　隆盛	薩摩
	参　議		板垣　退助	土佐
	参　議		大隈　重信	肥前
左　院（立法機関）	議　長		欠	
	副議長		江藤　新平	肥前
右　院（行政機関）	神祇省	卿	欠	
		大輔	福羽　美静	津和野
	外務省	卿	岩倉　具視	公卿
		大輔	寺島　宗則	薩摩
	大蔵省	卿	大久保利通	薩摩
		大輔	井上　馨	長州
	兵部省	卿	欠	
		大輔	山縣　有朋	長州
	文部省	卿	大木　喬任	肥前
		大輔	江藤　新平	肥前
	工部省	卿	欠	
		大輔	後藤象二郎	土佐
	司法省	卿	欠	
		大輔	佐々木高行	土佐
	宮内省	卿	欠	
		大輔	万里小路博房	公卿
	開拓使	長官	東久世通禧	公卿
		次官	黒田　清隆	薩摩

右院は、各省の長官（卿）・次官（大輔）で構成される。廃藩置県の直後、政府の指導的地位は、公卿の三条実美・岩倉具視を除けば、ほとんど薩長土肥によって占められたことがわかる。なお、文部大輔の江藤新平は明治5年4月、待望の司法卿に就任した。

図21　藩閥政府の形成（明治4年8月）

第十五章　東アジアとの確執と訣別

一　岩倉使節団の派遣

明治四年(一八七一)七月、廃藩置県を達成し、全国を完全に直轄地化した政府は、引き続いて、欧米への使節団派遣を計画した。大使には右大臣岩倉具視、副使に参議木戸孝允・大蔵卿大久保利通・工部大輔伊藤博文らが任じられた。留学生を加えれば、総勢百人を越える大使節団である。それは、翌年五月に安政通商条約の改定交渉を開始する期限が迫ったことを、きっかけとしていた。

それにしても、この多難な時期に、政府首脳が揃って外遊するというのは、それだけ切迫した理由があったからだ。もともと新政府が設立にあたって掲げた理念のひとつは「万国対峙」であった。欧米先進国と肩を並べるという意味であり、具体的には、現行の不平等条約を改正することだが、それは士族対策でもある。明治二年(一八六九)六月の版籍奉還と、それに続く廃藩置県で中央集権を達成した政府は、その過程で、旧大名家臣である士族に大きな犠牲を強いていた。かれらの不平を吸収し、国内に安定的な秩序をもたらすためには、その犠牲のうえにこそ、万国対峙が実現できるのだ、ということを証明して見せねばならない。それこそが、政府としての正統性を主張できる、ただ一つの根拠に等しかったのである。

こうした狙いのもとに、四年十一月十二日、使節団は横浜を出発していった。右の事情について副使の一人、伊藤博文は、使節団の使命を述べた意見書で、天皇は東洋の「政治風俗」の発達をまだ不十分と見て、欧米各国の政治・制度・風俗・教育・生産を我が国に積極的に導入し、我が国民を速やかに欧米と同等の文化レベルにまで進歩させる意向を持っている、と述べていた。最初の訪問国アメリカのサンフランシスコに到着したとき、歓迎会の席上で伊藤は、得意の英語を駆使して、日本国旗の日の丸は、かつて日本を封印していた封蝋《ふうろう》のようであったが、いまやそれは、「昇る朝日の徽章」に変じたとスピーチした。いわゆる日の丸演説である。

しかし、国際社会の現実は甘くなかった。アメリカでの盛大な歓迎振りに喜んだ使節団は、このまま条約改正交渉に移れるのではないかとの期待感を持った。ところが交渉に必要な全権委任状を持っていなかったため、大久保と伊藤が、明治五年(一八七二)二月、日本までそれを取りに帰るという事態になった。しかし、二人が数ヵ月を経てワシントンに戻ったときには、残っていた岩倉・木戸らは、すでに交渉を進めることが不可能と悟っていた。欧米側から見れば、不平等条約は、自国にとって有利な貿易を行なうための大事な砦《とりで》なのであり、そうやすやすと手放すはずもなかったのである。

条約改正交渉をあきらめた使節団は、その後七月、ロンドンに渡り、イギリス・フランス・プロシアなど先進諸国の制度・文物を、もっぱら実地に見聞することに目的を絞った。二年間近い期間を経て、彼らが帰国するのは、明治六年（一八七三）九月である。なお、その年一月一日から太陽暦が採用されていた。

二　国内の改革政策

使節団の外遊中、日本国内では大きな変革が相ついで進められていた。もともと、使節団出発の際、留守を預かる政府との間で、新規の制度改革は行なわないという約定が結ばれていた。ただし、この約定も、すべての改革停止という意味ではなく、条約改正に有利にはたらく国内制度の整備を優先課題とし、それに直結しないものは後回しにするということが主眼である。

留守政府の中心は、参議大隈重信・大蔵大輔（次官）の井上馨らであったが、彼らは強大な権限を持つ大蔵省を基盤に、急進的な改革を推し進めた。なかでも主要なものは、秩禄《ちつろく》処分である。先に版籍奉還によって、大名領主は廃止され、それまでの武士、つまり旧大名家臣たちは、「士族」という族籍呼称を与えられたものの、無用の存在となっていた。したがって、主君から支給されていた知行・給禄（領地・俸禄）も、理屈から言えば、すべて廃止されて当然だったが、それでは士族の反乱を招きかねない。そのため、藩から「家禄」と呼ばれる生活保障のための現米が給付されていたのである。その額は、以前の知行・給禄に比べて大幅に減額されていたから、政府官員や府県役人に再雇用された、ごく一部の者を除き、大部分の士族は生活困窮の状態に置かれていた。その家禄給付は、廃藩置県後も、藩から国が肩代わりして続けられた。しかし、全人口の五パーセントに過ぎない士族に対し、家禄給付額が財政支出の三〇パーセント以上に達したというくらい、国の財政にとっても大きな負担であった。したがって、その最終的な処理は緊急の課題だったのである。

その急進振りから「アラビア馬」のあだ名で呼ばれた大蔵大輔井上は、厳しい家禄処分案を建てた。家禄総高を従来の三分の二に削減したうえ、六年分を一〇パーセント利付け公債として一括支給し、これを六年かけて政府が買い上げるというもので、明治五年(一八七二)二月には太政官正院で内決された。しかし、買い上げの財源を、どこかから調達できなければ、この案は成り立たない。このため、井上は、三千万円に達する外債募集の計画を建て、部下の大蔵少輔吉田清成をアメリカに派遣したが、アメリカ銀行筋との交渉は、金利面での折り合いが付かず、不調に終わった。吉田は、さらにロンドンに渡り、明治六年(一八七三)一月には、オリエンタル・バンクとの間で契約調印にこぎつけたが、その間に本国政府では、この家禄償還案自体が立ち消え状態になっていたため、その資金が直接の償還原資に用いられることはなかった。

三　徴兵制の創設

士族への家禄給付打ち切りが簡単に進まないのは、もともと家禄が、その家固有の資産であるという意識が、彼らの間に強かったためである。元をただせば、知行・給禄は戦国以来、先祖がその武功によって勝ち取ったものという感覚が、武士にはあった。廃藩置県によって、大名との間の主従制が名実ともに解消され、士族が定職を持たなくなった段階で、彼らによって唱えられたのは、「軍事は士族の常職」という言葉である。たとえ平時に仕事がなくとも、一朝ことあるときに軍事を担うのは我ら士族である。この自負は、彼らにとってアイデンティティそのものとなった。逆に言えば、その主張の根拠をなくすことが、家禄給付を消滅させるカギを担うことになる。すなわち、新たな国軍の創設である。その意味で、秩禄処分と徴兵軍隊の創設は、表裏の関係にあった。

政府は明治四年（一八七一）以降、戸籍法の公布（国民を居住地別に登録して編成。施行は翌年）、散髪脱刀の自由化、華士族・平民間の婚姻の自由化、職業選択の自由化など、いわゆる近代的な文明化政策を次々と実施していった。これらは、先に触れたように条約改正を有利に運ばせるための国内制度の整備という面を持っていたが、より具体的には、人民を平等な「国民」に位置づけ、とくに当面の政策として、徴兵制を施行することが大きな狙いであった。身分ごとに職業が異なるといった江戸時代以来のありかたでは、国軍を創設することは出来ないからである。

このような布石のうえ、政府は明治五年十一月、「全国募兵の詔」と徴兵告諭を発した。それらでは、古代の郡県制下においては皆兵であったところ、武士が出現して以来、仕事をしないまま、座食するようになり、甚だしい場合は、無礼討ちと称して人を殺しても罪に問われないような状態であったが、いまや郡県制に復した今日、士族が家禄を減らし、「四民」（士農工商）が平等に国家の責務を全うするのは当然である、としていた。国民皆兵の理念が、ここで示されたのである。翌六年（一八七三）一月には徴兵令が発せられた。それによると、満二十歳に達した男子は、全員、徴兵検査を受け、合格した者から抽選で約二万人が、三年間の常備兵役に服する。それを終えて除隊すると第一後備《こうび》役、二年間の義務を負い、一年に一度召集されて訓練を受ける。第一後備役を終えると、第二後備役二年間に編入される。

この制度の特徴は、後備役（のちの予備役）制度を設け、有事の際に、すでに常備兵として十分な訓練を受けてきた即戦力の兵士を、一時に大量動員できることである。かつて、大村益次郎が、「兵は縦に養って横に使う」と評した制度の具体化であった。制度化を進めた中心人物は、プロシアをはじめとするヨーロッパ軍制を研究してきた、洋行帰りの兵部少輔山縣有朋である。

ただし、徴兵の対象になる男子にも、戸主とその相続人をはじめ、代人料二百七十円を納める者など、広汎な免役《めんえき》規定が設けられていた。そのため、わざと養子に行って戸主となる者など、徴兵逃れが広まり、明治七年の時点で免役者は該当者の九十パーセント以上に及ぶありさまであった。

「国民皆兵」は名ばかりであったが、いずれにせよ、こうして、やがて三万五千人の「日本国軍」が誕生する。これに反対していたのは、いうまでもなく士族であり、とくに鹿児島士族の代表、陸軍少将桐野利秋（旧名中村半次郎）は山縣に向かって、「土百姓を集めて人形を作る、果たして何の益あらんや」と言い放ったという。しかし、先に触れたように、徴兵制は、それ自体、士族に対する家禄給付の根拠を絶つことを目的の一半としていたのだから、桐野の反対意見は的外れなのである。

四　征韓論政変

徴兵令が施行され、士族がみずからの存在の根拠を最終的に失いつつある明治六年(一八七三)前半、日本国内では征韓論が沸騰するようになった。朝鮮李王朝に対し、日本政府はすでに明治元年(一八六八)十二月、対馬藩(宗《そう》家)を通じて「王政復古」を通告し、国交樹立を求めていた。しかし、朝鮮側は、その国書に「皇」「勅」という文言があることを理由に受理を拒んだ。李王朝から見れば、「皇」「勅」は、宗主国である清朝皇帝からの文書にのみ使用されるべき言葉であった。日本天皇からの文書で、「勅」せらるいわれはないのである。このため、日本と朝鮮とは、国交断絶状態にあったが、木戸孝允をはじめとして、この機会に、士族の憤懣のはけ口として朝鮮に出兵すべし、といった議論が早くから現われるようになっていた。

その口実になるような事件が六年五月に起きた。釜山《プサン》の草梁《チョヤン》倭館に、公認されていた対馬商人以外の日本商人が入り込んでいたことが発覚、朝鮮側が「潜商禁止令」を発し、日本を「無法の国」と非難したのである。

この事実が日本国内に広まると、士族の間では、俄然、朝鮮の無礼を討つべしとする「征韓論」が燃え上がった。政府内部でも、筆頭参議西郷隆盛が、征韓論を唱えた。みずからが使節となって朝鮮に赴けば、そこで殺されることもあろうから、それを名分として出兵せよ、というのである。西郷がどこまで真剣に、この計画を考えていたのかハッキリしないが、西郷が士族層の利害を、きわめて重要なことと考えていたのは確かである。士族にとって、たとえ相手が朝鮮でなくても、外征はみずからの存在意義を示す最後の機会であり、また実質的にも、従軍できれば、臨時収入として、まとまった金額を手に入れることが出来る、得がたい雇用のチャンスでもあった。

その西郷遣使計画には、参議の板垣退助・江藤新平も賛同し、八月二十七日の閣議で一応決定し、最終決定は岩倉右大臣らの帰国を経てから行なわれることになった。しかし、さきに五月、米欧回覧から単独帰国していた大久保利通は、この計画に真っ向から反対だった。国内の制度整備が優先されるべき現在、外征にエネルギーを費やす時ではない、というのが表向きの反対理由である。いわゆる内治優先派と征韓派の対立だが、しかし、対立の構図は、実際はそれほど単純ではない。

大久保らがまだヨーロッパにいる頃、四月に参議（太政官正院の構成員）が増員され、新たに司法卿江藤新平・文部卿大木喬任・左院議長後藤象二郎が参議に昇任していた（後任の各省卿・議長は欠員のまま）。この措置は、正院の行政に関する権限を強化するためのものだが、同時に「アラビア馬」大蔵大輔井上馨率いる大蔵省の権限を縮小させるためでもあった。五月二日には「内閣」が創設され、参議が、その議官として国政の最終決定権を握った。これらの制度改定は、新規改革を禁じた、使節団との約定に明らかに違反するものであり、政府はこれを太政官制の「潤飾《じゅんしょく》」と呼んで、その実質を隠蔽した。井上はこのような措置に憤激して大蔵大輔を辞任し、代わって参議大隈重信が省務の責任者となっていた。つまり、留守政府は、筆頭参議西郷を除けば、肥前・土佐閥に占領されたような形になっていたのである。

五月二十六日帰国した大久保は、現職大蔵卿の地位にありながら棚上げされ、実質的には何も手出しが出来ない状態に追い込まれていた。大久保はやむを得ず、休暇を申請して関西へ湯治に行くと称して東京を離れ、岩倉以下の使節団本隊の帰国を待った。

岩倉一行は九月十三日、帰国してきた。そのうえで、太政大臣三条実美と岩倉は、帰京してきた大久保に参議に就任してくれるよう要請した。大久保は熟慮のうえ、これを受けた。いま参議に就任すれば、盟友西郷との決裂は避けがたかった。それが分かっているからこそ、大久保はためらったのである。大久保が参議に就任したのは、十月十三日。その翌日、早速に閣議が開かれた。出席者は三条・岩倉・大久保のほか、参議の西郷・大隈・板垣・江藤・大木・後藤・副島種臣（外務卿だったが、前日に参議就任）の十名である（参議木戸は病気欠席）。この席で、岩倉・大久保が使節派遣を延期すべしと論じたのに対し、西郷は、断固派遣を主張して譲らず、この日は散会となった。翌日、再度閣議が開かれた。西郷は欠席して意見が変わらないとの意思表示を行なったが、これを見て動揺したのか、太政大臣三条は態度を変えて西郷の意見に賛成し、その方針をとることが決定された。これを受けて、大久保・木戸・大隈はともに参議辞任の意向を示した。三条は必死になって慰留したが、大久保らは聞き入れず、ついに岩倉までも右大臣辞任の意思を伝えた。狼狽した三条は、ストレスに耐え切れず、とうとう十八日早朝、錯乱状態に陥って卒倒した。

これを奇禍として、大久保は、岩倉に太政大臣代行の命が下るよう、宮中工作を働きかけた。二十日、天皇が岩倉邸にみずから行幸し、太政大臣代行を命じ、懇談した。天皇はこのとき、事態の経過と問題のありかを十分に理解したものと思われる。すでに二十一歳の青年君主であった。二十二日、西郷・江藤・板垣・副島の四参議と岩倉との間の会談で、事実上の決着がついた。四参議も、天皇自身の反対の意向を察したのであろう。二十三日、西郷は参議の辞表を呈し、他の三人、それに後藤もこれにならった。二十四日には、公式に天皇から、使節派遣を認めずという意味の勅語が出された。

五　不平士族と外征出兵

明治六年十月の政変により、政府の中枢は、大久保・岩倉・大隈が握るようになった。とくに、十一月に内務省を設立し、その長官（内務卿）にみずから就任した大久保が中心である。翌七年（一八七四）二月、肥前佐賀では、江藤新平を首領に仰いで、佐賀士族が蜂起したが、さほどの計画性があったわけではなく、半ば偶発的な反乱であり、鎮台兵により二週間ほどで鎮圧された。江藤は逃亡したが、高知県で捕縛、佐賀に送還され、四月十三日、臨時裁判所の即決裁判で「死刑のうえ、さらし首」となった。

この事件は、政府の、不平士族に対する断固鎮圧方針を貫いた事例だが、続く台湾出兵は、懐柔策である。さきに明治四年（一八七一）十二月、琉球諸島の住民が難破して台湾に漂着し、その原住民に殺害されるという事件が起きていたが、日本政府は、これを利用して、琉球諸島の帰属権を、清朝側から日本側に回収しようとしていた。すなわち、琉球は江戸時代に、清朝と日本との両属状態にあったが、日本政府は、殺害された琉球島民はあくまでも「日本国属民」であるとして、清朝に対処を迫り、最終的には琉球諸島を日本領土として確定する狙いである。交渉は長引き、明治六年六月、日本は清朝に対し、台湾に征討軍を派遣する予定であることを伝え、翌七年二月、「台湾蕃地処分要略」が閣議決定された。

この台湾出兵には、もともと琉球と関係の深い鹿児島士族が強い関心を持っていた。陸軍中将西郷従道《つぐみち》(隆盛の実弟)が台湾蕃地事務都督に任命され、五月には現地入りして戦闘自体は短期間で終結したが、日本軍は駐兵を続けた。出兵は、琉球諸島の領有権を清朝と争うという側面が絡むため、たいへん複雑な性格を持つが、鹿児島士族への対策としてみる限り、外征によるエネルギーの発散という面だけは、実現されたのである。なお、参議木戸孝允は、出兵に反対して参議を辞任していた。

東アジア域内の国際関係と、国内の不平士族対策が複雑に交錯するなかで、明治八年(一八七五)九月には、江華島《カンファド》事件が起きた。日本海軍の軍艦「雲揚」が、朝鮮の江華島付近で、朝鮮側砲台と交戦するという事件である。この事件は、日本側が周到に計画した挑発行為といわれていたが、最近の研究では、あったとしても艦長井上良馨《よしか》と海軍大輔川村純義《すみよし》の間の黙契程度であり、政府全体の陰謀として計画されたものではない、とされる。しかし、いずれにせよ日本側として、朝鮮との間には、遅かれ早かれ、何かの機会を捉えて、懸案の課題を解決しなければならない情勢であった。

ここにいたって、二年前の征韓論が再び燃え盛るのは当然である。しかし、政府は慎重だった。台

図22　江華島の砲台（復元）
（著者撮影）

湾出兵の際でも、途中でイギリス・アメリカの介入があったし、清朝の出方次第では、日清開戦に至る可能性も十分にあったのである。朝鮮に対して行動に出るには、十分に態勢を整えておかねばならなかった。

翌年一月には森有礼《ありのり》が清国駐在公使として北京に赴き、李王朝の宗主国である清朝側と交渉して、朝鮮と日本との条約締結による国交樹立に向けた内諾を得ていた。イギリス・アメリカはじめ、欧米諸国側との根回しも怠らなかった。そのうえで、朝鮮との交渉のため、参議兼陸軍中将黒田清隆（薩摩）を全権大使に、二年半ぶりで政府に復帰した井上馨（長州）が副使に任じられた。使節団は兵士を満載した六隻の艦隊を連ねて、一月半ば、江華島に到着した。

こうして二月末には、日朝修好条規が調印された。そこでは、まず朝鮮が「自主の邦」であるとして、清朝との宗属関係に縛られないことを定めていた。そのほか、釜山ほか二港の開港と、自由貿易などを取り決めたが、内容的には、朝鮮から見た不平等条約である。

この朝鮮との条約調印は、日本国内では、圧倒的な支持を以って迎えられた。つまり、戦争に至らず、朝鮮との間に日本側に有利な形で条約を結ばせ、「開国」させたことは、大きな成功であり、「征韓」の実現と同じと受け止められていたのである。事実、このあと、不平士族のあいだでも、政府攻撃の名分としての「征韓論」は、急速に姿を消した。懸案の課題であった「征韓」は達成されたのである。

六　秩禄処分と西南戦争

「征韓」達成によって、不平士族から政府攻撃の名分を奪った政府は、士族特権の剥奪に向けて、一気に攻勢を強めた。廃刀令が出されるのは、実に日朝修好条規が批准された一ヵ月後の、明治九年(一八七六)三月二十八日である。さらに八月五日には、金禄公債証書発行条例を公布して、士族に対する家禄支給を最終的に打ち切る方針を明示した。最終的な秩禄処分である。ただし、家禄支給を打ち切るといっても、いっぺんに実行するのではなく、十年分程度(ランクによって異なる)の家禄を公債として一括支給し、それを徐々に償還する形で最終的に解消するという施策である。また、その償還財源には、結局のところ、国家収入としての租税があてられるのだが、政府はその財源確保の意味を込めて、地租改正事業を強力に推し進めた。地租改正法は、すでに三年前に公布されていたが、政府内部の体勢が整わず、実施は遅れていた。秩禄処分が本格化したことに対応して、地租改正の推進が急がれたのである。

そのなかで、士族の最後の反抗が相ついだ。十月には、熊本敬神党が挙兵し、熊本鎮台を襲撃した。いわゆる神風連の乱である。太田黒伴雄を首領とする彼らは、林桜園の門下として、独特の神道思想を持つ人びとだったが、政府の進めるヨーロッパ・モデルの近代化政策に反対するという一点を除けば、現代人にとって、理解しがたい側面が強い。ともあれ、彼らは洋式武器の使用すら拒否しつつ挙兵し、鎮台兵の反撃の前に、当然のように敗れ去った。

続いて数日置きに、秋月(福岡県)の乱、もと参議前原一誠が率いる萩(山口県)の乱が連鎖反応的に発生したが、十一月はじめまでには鎮定された。彼らの間には、まとまった連携もなく、掲げる要求にも体系だったものは見られない。心情的な反発という要素が強かったのであろう。

明治十年(一八七七)二月、西郷隆盛を仰いだ鹿児島士族の強硬派、桐野利秋・篠原国幹《くにもと》らはついに挙兵した。最大の士族反乱、西南戦争の開始である。直接の目的は、政府に対し、尋問の筋があるため、兵を率いて上京するというものだったが、具体的な展望があったとは考えられない。西郷は、みずからの最期を承知のうえで、鹿児島士族のために身命を預けたのである。政府は二月十九日、征討令を発した。熊本城攻防戦を中心にした、戦いそのものは、時に激烈だったが、海上輸送力・電報による通信能力を独占する政府軍と、西郷軍との間の戦略的な格差は圧倒的であった。熊本から鹿児島へ撤退した西郷軍は、九月二十四日、最後の総攻撃を受けて壊滅した。徴兵軍隊の勝利である。日本が、ヨーロッパをモデルとした近代化を進めることも、これを契機として、最終的に確定したのであった。

コラム【太陽暦の採用】

十九世紀の歴史を叙述していて、暦の問題ほどややこしいものはない。日本列島では、貞観四年（八六二）以来、大陸王朝からの輸入品である「宣明暦」を、十七世紀に至るまで八百年間も使い続けた。このため、誤差が累積し、日食の予報もできなくなったという。

それくらい、たいしたことではない、と思うのは現代の感覚である。当時の朝廷では、帝が日食時の光にあたることは穢れとされ、常御殿は筵で覆われた。一日以上も予報がずれては、天文暦道を司る土御門家（陰陽師安倍晴明の子孫）の面目丸つぶれ、という程度では済まないだろう。

ようやく貞享元年（一六八四）、渋川春海（碁打ちとしては安井算哲）が新暦を編み出し、翌年から「貞享暦」の名で採用された。これが実に日本初の国産暦である。これも月の満ち欠けを基本とし、太陽暦による誤差修正を加えた、太陰太陽暦である。したがって、月に大小（三十日と二十九日）の違いがあり、十九年間に七回の閏月があり、季節は正～三月が春、四～六月が夏、七～九月が秋、十～十二月が冬、である。こういうことは、研究者にとって常識のはずなのだが、意外と軽視されている。中でもひどいのは「一八六七年十二月九日の王政復古政変」で、正確には、慶応三年十二月七日に、西暦なら一八六八年になっている。そう思いながら書物を読んでいると、うっかりミスとも言えないような誤りが目につく。だから明治六年一月一日を以って太陽暦が採用され、当日が一八七三年一月一日になると、書き進める側としても一安心するのである。

第十六章　自由民権運動と大日本帝国憲法

一　「維新三傑」の死と建設の時代

明治十一年(一八七八)五月十四日朝、参議兼内務卿大久保利通は、紀尾井《きおい》町清水谷で石川県士族島田一良らに暗殺された。島田の懐中には、大久保を「有司専制」の元凶とする「斬姦状」が秘められていた。彼らの眼から見れば、大久保は「公議」を閉ざし、「民権」を踏みにじる独裁者であった。大久保と並ぶ、もう一人の「姦吏」は木戸孝允だったが、木戸は西南戦争さなかの前年五月二十六日、「西郷、もう大抵にせんか」とうわ言を洩らしながら、京都別邸で病死していた。こうして、近代国家の創業を担った維新の第一世代を代表する木戸・西郷・大久保の三人は、ちょうど明治十年(一八七七)五月から一年のあいだに、相ついで世を去ったのであった。

創業といえば、大久保自身、暗殺される、その日の早朝、自邸を訪れた福島県権令の山吉盛典《やまよしもりのり》に、次のように語っていた。

明治元年から十年間は創業の時代であった、これから先の十年間は建設の時代であり、私もその任を尽くすつもりだ、それからあとの十年間は後進による発展の時代である。

これからの建設の時代に、国家を双肩に担う決意を固めていた大久保は、しかし、非業《ひごう》の死を遂げた。跡を継ぐのは、第一世代の生き残りというべき大隈重信（肥前）、それに、のちの首相伊藤博文・山縣有朋（長州）、黒田清隆・松方正義（薩摩）らであり、彼らが維新の第二世代にあたる。彼らに課せられた課題は、出来上がりつつある日本国家を、国際社会のなかに正当に位置付けること、それにふさわしい国力（経済力）と、それを支えるに足る国内的な諸制度を完成させることであった。

そのために、最も基本的で重要な制度は憲法と国会である。前者は、いうまでもなく日本国家としての根本律法であり、後者はそれに基づいて、国民が、間接的とはいえ、その場に参加して国政を運営する機関だ。これらを作り出さねばならない、とする考え方は、明治十年前後ともなれば、すでに人々の間に根強く広まっていた。

その直接のきっかけは、明治七年（一八七四）一月、民撰議院設立建白書が、太政官左院（左院は建白を受け付け、立法審議を行なう機関）に提出されたことである。提出したのは、「愛国公党」という団体に結集した、古沢迂郎《うろう》（滋）・岡本健三郎・小室信夫・由利公正・江藤新平・板垣退助・後藤象二郎・副島種臣の八名。古沢・小室はイギリス留学帰りの法律家、岡本・由利は元財務官僚、江藤以下の四名は前参議である。実際の起草にあたったのは、古沢が中心という。

彼らは建白書で、「方今《ほうこん》、政権の帰《き》するところを察するに、上《かみ》帝室にあらず、下《しも》人民にあらず、しかも独り有司に帰す」と述べ、政権が一部の官僚政治家に占有されている状態であると非難し、「天下の公議」を取り入れるため「民撰議院」の設立を要求した。この建白は、政府の准広報誌『日新真事誌』に掲載されたため広く一般に知れ渡り、賛否両論の立場から大きな反響を呼んだ。通説的には、これが自由民権運動の発端とされることが多いが、この説は、のち明治四十三年(一九一〇)に刊行される板垣退助監修『自由党史』の主張を踏まえた説であり、実際には、この後すぐに運動として展開したというわけではない。

二　民権政社の活動と大阪会議の顛末

運動が本格化するのは、西南戦争における西郷軍の敗北で、武力による政府批判が、すでに成り立たないことが証明され、言論によるそれへと転換したことが契機である。そのような運動を進める母体となったのが、民権政社であった。

少し時間をさかのぼるが、その最も早い例は、明治七年(一八七四)四月、高知に帰った板垣が中心となって、土佐士族を結集した立志社である。その趣意書で板垣は、現在のわが国は大変革を経験したばかりで、ややもすれば人心の動揺が激しいが、「我が輩誠に発奮し、天下の元気を振るわんと欲す。すなわちよろしくまずみずから修め、治むるよりして始め、しこうして人民の権利を保有し、以って自主独立の人民となり、欧米各国の人民と比交し得るを務《つと》めずんばあるべからず」と主張していた。人民の権利を確立することが、国権の確立につながるというのである。

ついで、小室信夫《こむろしのぶ》も出身地の阿波（徳島県）に帰り、自助社を起こした。ちなみに小室は、文久三年（一八六三）の等持院事件（足利三代木像梟首）の犯人の一人だった。このようにして、各地に地方政社が成立したが、まもなく台湾出兵問題が起きたことをきっかけに、全国組織を設立することが目指された。すなわち立志社の呼びかけに応じて、明治八年（一八七五）二月には、加賀（石川県）・筑前（福岡県）・豊前（福岡・大分県）・肥後（熊本県）・因幡（鳥取県）・安芸（広島県）・伊予（愛媛県）・讃岐（香川県）・阿波などから、有志数十名が大阪に集まった。

彼らは、新たに全国組織を結成し、「愛国社」と名づけ、東京に本部を置くことを決定し、あわせて「合議書」を発表した。それによると、各社の代表二名を東京に派遣し、「一般人民の利益を謀る等のこと」を定期的に協議討論すること、毎年二回の定期大会を開催すること、などを定めた。

このような民権政社側の動きに対し、危機感を強めた政府の中心人物、大久保利通（参議兼内務卿）は、板垣ならびに、先に征台出兵に反対して参議を辞任し、山口に戻っていた木戸孝允の二人を、政府に復帰させることをもくろみ、伊藤博文・井上馨らの仲介を経て彼らと大阪で会談し、二人も政府復帰、参議就任を承諾した。

この、いわゆる大阪会議の顚末《てんまつ》は、当時の落首に、「大普請《おおぶしん》、まず板垣と木戸が出来《でき》」とうたわれた。二人とも、将来的には議会を開設することを条件に、政府復帰を承諾したようだが、特に板垣の場合は、愛国社の活動との関連性を考えると、やや一貫性に欠けるように見える。当然ながら内部からの反対も強く、このため、愛国社は事実上、分裂解散状態に陥った。

木戸・板垣の参議就任(三月)の結果、四月十四日には、天皇の詔が発せられ、立法機関として元老院、司法機関として大審院を設置し、さらに地方官を招集して会議を開くこと、最終的には「漸次《ぜんじ》に国家立憲の政体を立て」ることが宣言された。つまり、憲法発布・議会開設は、この時点で、国家の基本方針として、おおやけにされたのである。

しかし、いったん成立したかに見えた、大久保・木戸・板垣らの連携は、間もなく破綻した。一つには、六月に開催された地方官会議が、そのまま議会に発展することを期待していた木戸・板垣の予想に反して、それが単なる諮問会議のレベルにとどまる結果になったことである。このため、木戸・板垣は、大久保主導の政府方針に大きな不満を持つようになり、やがて九月に江華島事件が起きたのち、その対処のあり方をめぐる対立をきっかけとして、再び政府を去る結果となった。

三　愛国社の再興と国会開設運動

明治十一年(一八七八)四月、すでに西郷も城山の露と消えて半年ののち、政府を去った板垣率いる立志社は、解散状態になっていた愛国社の再興を計画した。本格的な言論による政府批判および国会開設要求運動の開幕を告げる出来事である。

板垣が演述した（筆記は栗原亮一）、その再興趣意書は、人が権利を強固にし、幸福を維持できるのは国家あるがためであり、ゆえに一国が安定すれば、一人もまた安定することが出来ると述べていた。つまり、国民相互の親愛を確立することが、国家繁栄の基礎を成し、愛国につながるというのである。

この趣意書を携えて、立志社の杉田定一・植木枝盛《えもり》・栗原亮一が各地方政社を遊説《ゆうぜい》して廻り、大阪に集会するよう呼びかけた。ちなみに、彼らはペリー来航前後の一八五〇年代生まれで、「御一新」

図23　「国会期成同盟発祥之地」碑
黒田了一撰による解説文。
大阪市北区太融寺。
（著者撮影）

当時には十代の少年だった。維新の第三世代といってよいであろう。実践的な政治活動を、その世代が担うようになったことが、民権運動期の特徴でもある。

彼らの遊説の結果、九月には大阪に全国の代表四十名あまりが集い、愛国社再興第一回大会が開かれた。さらに翌年三月には第二回大会が、やはり大阪で開かれ、八十名の参加者を集めた。このような愛国社の活動は、全国の民権論者たちの共感を呼び、十一月の第三回大会では、翌年から全国的な国会開設運動を、広汎で組織だったものとして展開することを決議した。

こうして、翌明治十三年(一八八〇)三月、大阪での第四回大会は、最高の盛り上がりを見せた。二府二十二県五十九社の代表一一四名が集まり、実に八万七千人に及ぶ国会開設要求の署名簿を提出したのである。議論はおおいに紛糾したが、結局のところ愛国社大会は、途中から、あらたに国会期成同盟へ組織・名称ともに切り替えられ、「それ国会を開設するは、国家のおおいに緊要なる所にして、今日の最も急務たり」に始まる規約緒言が採択された。

さらに、「国会を開設するの允可《いんか》を上願する書」を政府に提出することが決議され、その捧呈委員に高知の片岡健吉・福島の河野広中が選出された。東京に赴いた片岡・河野は、四月十七日に上願書を政府に提出しようとしたが、太政官・元老院とも、建白ならぬ請願を受理する規則はないとして、運動の受理を拒否した。その一方で、国会期成同盟大会開催中の四月五日には集会条例を公布して、運動の取締りを強化していた。政府にとっても、民権運動側に対する危機意識は強烈だったのである。

国会開設要求が、これほどの盛り上がりを見せたのは、愛国社の活動のためばかりではない。愛国

	自由民権運動	政府の弾圧と懐柔
明治7年(1874)	愛国公党設立　民撰議院設立建白 土佐で立志社設立	東京警視庁設置
8年(1875)	大阪で愛国社結成(すぐに解散)	大阪会議 元老院・大審院の設置 立憲政体漸次樹立の詔 讒謗律・新聞紙条例
9年(1876)		元老院に憲法起草を命令
11年(1878)	愛国社再興第1回大会	府県会規則
13年(1880)	愛国社、国会期成同盟と改称 国会開設請願書	集会条例 国会開設請願を却下
14年(1881)	開拓使官有物払下げ事件 自由党結成	開拓使官有物払下げを中止 国会開設の詔(明治23年開設を公約する) 明治十四年の政変
15年(1882)	立憲改進党・立憲帝政党結成 岐阜事件(板垣退助遭難) 福島事件	伊藤博文、憲法調査に渡欧 立憲帝政党を援助 板垣退助らを外遊させる
16年(1883)	高田事件	伊藤博文、欧州から帰国
17年(1884)	群馬事件、加波山事件 自由党解散　秩父事件 大隈重信、改進党を脱党	制度取調局設置 華族令制定
18年(1885)	大阪事件	内閣制度の採用
20年(1887)	大同団結運動(地租軽減・言論集会の自由・条約改正反対)	保安条例
21年(1888)		枢密院設置
22年(1889)	大同団結派分裂	大日本帝国憲法制定 衆議院議員選挙法制定
23年(1890)	自由党再興 立憲自由党結成 (翌年、自由党と改称)	第1回総選挙 第1回帝国議会召集

図24　自由民権運動と政府の対策

社は立志社の流れを汲んで、士族を中心にした組織だが、すでに、士族に限らず、いわゆる豪農民権家が運動に参加するルートが開かれていた。すなわち、明治十一年（一八七八）七月公布の府県会規則によって（郡区町村編成法・地方税規則とならんで地方三新法と呼ばれる）、翌年から府県会が開かれ、地域の豪農商層が議員として府県政にかかわるようになっていた。府県会は予算審議を中心にした機関で、それも権限は限定されていたが、公論を地域レベルで吸い上げる制度は、曲がりなりにも整備されつつあったのであり、それが八万七千人の署名に結びつたことは疑いをいれない。

府県会議員を軸とする豪農民権家と、距離を置くようになった愛国社は立志社グループによって維持され、雑誌『愛国志林』（一八八〇年三月創刊。八月『愛国新誌』と改題）によって、植木枝盛を中心に論陣を張ったが、すでに以前のような勢いを取り戻すことはなかった。愛国社も同年中には自然消滅する。国会開設をめざす運動も、新たな段階を迎えるのである。

四　明治十四年の政変

国会期成同盟大会が大阪で開催されている頃、政府の中心人物は、参議大隈重信と同伊藤博文である。とくに伊藤は、大久保亡き後の内務卿として、殖産興業を中心に積極的な近代化政策を進め、自他共に許す政府の第一人者の地位を築きつつあった。

彼らが対決しなければならなかったのは、もはや昔日《せきじつ》の勢いを失いつつある士族層の民権運動ではない。西南戦争以降、不換紙幣濫発によるインフレーションで空前の好景気に沸く農村を基盤とした、豪農商層による国政参加要求としての国会開設運動である。なお、地価およびそれに連動する地租(地価の二・五パーセント)は固定されているため、インフレは土地を持つ農民側にとって有利に作用するのである。明治十三年(一八八〇)十一月には、彼ら豪農商層を大きな基盤として、国会期成同盟の第二回大会が東京で開かれ、十三万を超える署名が集まり、各地方政社で作成した憲法見込み案(いわゆる私擬憲法)を、翌年十月に持参して討議することが申し合わされた。明治八年(一八七五)四月の「漸次《ぜんじ》立憲政体を立つるの詔」を踏まえ、憲法制定・国会開設が、ようやく具体的な政治課題にのぼってきたのである。

政府内部でも、大阪会議の結果を踏まえて設けられた元老院が、明治九年(一八七六)以降、憲法草案の検討に着手していた。それは第一次案、第二次案を経て、明治十三年(一八八〇)半ばには完成していたが、拙速を嫌う岩倉具視や、ヨーロッパ諸国憲法の焼き直しに過ぎないという伊藤博文の反対にあって、結局は廃案となった。他方、参議山縣有朋や同井上馨は、基本的に国会開設に理解を示すなど、政府内でもさまざまな立場があったが、いずれにせよ、立憲政体が、君主権の制約に結びつくという理解は共通していた。

明治十四年(一八八一)になると、民間で私擬《しぎ》憲法が多く作成されるようになった。内容的な問題は広範囲にわたるが、ごく単純化して言えば、議会権限と君主権限を、どのように調整するかが最終的な焦点である。制定主体が天皇(欽定憲法)であるか、議会であるかという争点も、広く言えば、右の点に帰着する。

そのなかで、開拓使官有物払い下げ問題が発生した。先に大蔵卿だった大隈重信が主導していた積極財政方針は、インフレ進行の中で見直しが迫られ、緊縮財政への転換が進められていたが、その一環として北海道開拓使も廃止が決定した。開拓使長官黒田清隆は、ともに薩摩出身で親しい関係にある政商五代友厚に、その官有物を無利子三十年賦三十八万円（実価の一割強程度）という不当に安い価格で払い下げることを決定した。決定は七月三十日のことであったが、その前から、沼間守一《ぬままもりかず》の「東京横浜毎日新聞」や栗本鋤雲《くりもとじょうん》の「郵便報知新聞」をはじめとする民権派系の新聞が、その事実を暴露し、いっせいに政府批判を開始した。このような政府の横暴が許されるのも、国会がないからであるという、国会開設と絡めた政府攻撃である。

政府主流は、この事態を、大隈重信と外部の民権派とが結託して、政府を追い詰めようと策動しているものとみなした。大隈は、この年三月に憲法制定に関する意見書を提出していたが、その内容はイギリス流の議院内閣制に立つもので、岩倉・伊藤らとは大きく見解が異なっていたのである。とくに七月以来、伊藤は、この大隈案について、「実に意外の急進論」と非難する手紙を岩倉に送り、暗に大隈の排斥を示唆していた。結局のところ、この問題は、天皇の裁断によって決着がついた。十月十一日、御前会議で大隈の参議免官（形式上は辞任）と払い下げ中止が決定、翌日には明治二十三年を期して国会を開設するという勅諭が出された。大隈系列の官吏も、いっせいに政府から追放された。この一連の過程が、いわゆる明治十四年の政変である。その結果、政府の実権は最終的に薩長閥の手

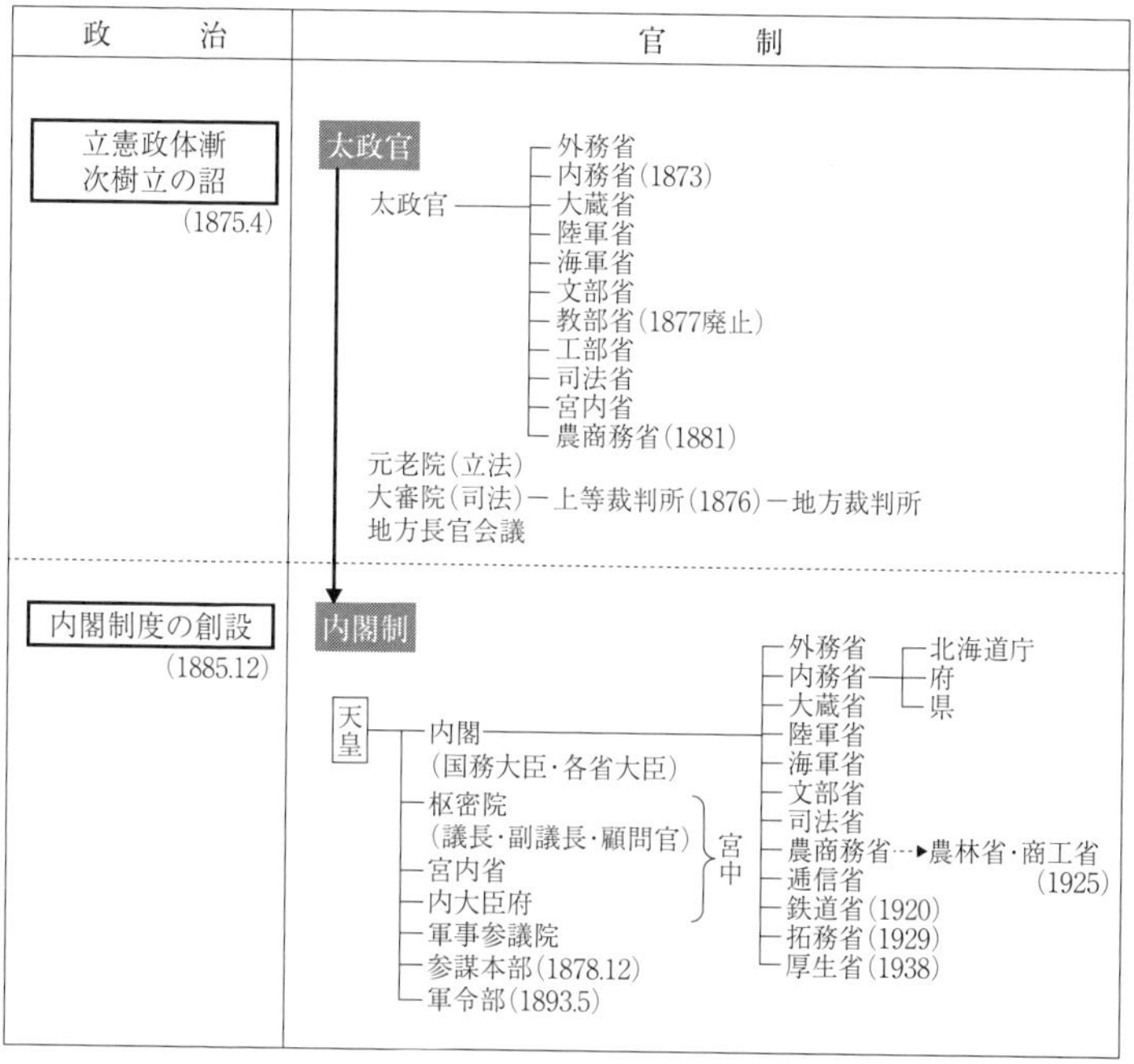

図25　官制の変遷②

に握られたのであった。

五　憲法制定と帝国議会

明治十四年（一八八一）十月二日、国会期成同盟大会は、自由党結成大会に変更された。ちょうど国会開設の勅諭が出る十日前だが、すでに、政党結成が計画されるような情勢になっていたのである。二十九日には総理板垣退助以下の役員人事が決定した。日本で初めての政党が誕生したのであった。続いて翌年四月には、野に下った大隈重信を総理として立憲改進党が結成された。

しかし、これらの政党は、大蔵卿

松方正義によるデフレ政策の下で、困窮の淵に投げ込まれた下層農民らの要求に応えることもなく、党内でも穏健主流派と急進派との分裂を引き起こし、三年後の明治十七年(一八八四)末には相ついで解散もしくは分裂する結果になった。民権運動を組織化し、現実の国会での議論につなげていく活動は、少なくとも政党によって担われることはなかったのである。

いっぽう政府側では、参議伊藤博文が、勅命を受けてヨーロッパにわたり、法学専門家のグナイスト、シュタインらについて憲法や議会運営のあり方を学び、明治十六年(一八八三)二月に帰国してきた。二年後の明治十八年十二月には、太政官制度に替えて内閣制度が創設され、伊藤は初代総理大臣に就任した。その後、伊藤とその幕僚、井上毅・伊東巳代治・金子堅太郎により、憲法草案の起草作業が進められ、明治二十一年(一八八八)には草案が確定、翌年早々、枢密院本会議での審議を終えた。

明治二十二年(一八八九)二月十一日、紀元節を期して、宮城において大日本帝国憲法発布の式典が行なわれ、天皇は第二代総理大臣黒田清隆に、アジア初の近代的な憲法を授けた。翌年七月一日には、第一回衆議院議員総選挙が行なわれた。納税額による制限選挙のため、有権者は約四十五万人で、内地総人口の一パーセント強に過ぎなかったが、これも事実上のアジア初であり、三百人の国会議員が誕生した。その後、政府と野党(旧自由党系の立憲自由党と、改進党)とは、明治二十七年(一八九四)八月、日清戦争開戦に至る迄、主に予算審議をめぐって対立と妥協を繰り返す、いわゆる初期議会の時代が訪れるのである。

主な参考文献

落合弘樹『秩禄処分』中央公論社　一九九九年。
勝田政治『廃藩置県』講談社　二〇〇〇年。
勝田政治『〈政事家〉大久保利通』講談社　二〇〇三年。
坂本多加雄『日本の近代2　明治国家の建設』中央公論社　一九九九年。
佐々木克『日本の歴史17　日本近代の出発』集英社　一九九二年。
佐々木克『岩倉具視』吉川弘文館　二〇〇六年。
佐々木克『大久保利通と明治維新』吉川弘文館　一九九八年。
松尾正人『維新政権』吉川弘文館　一九九五年。
松尾正人『廃藩置県の研究』吉川弘文館　二〇〇一年。
松尾正人『木戸孝允』吉川弘文館　二〇〇七年。
宮地正人『通史の方法』名著刊行会　二〇一〇年。

あとがき

本書は、おおむね二〇一〇年以降に、各誌に発表した論稿の中から、明治維新を読みなおす、というテーマに沿ったものを編んで一冊にまとめ直した書物である。本書では、章としてタイトルを変更したケースもあるので、参考までに、初出一覧を原題と共に、次に掲げておきたい。

序章　近世から近代へ―何がどう変わるのか―
『歴史を学ぶ　歴史に学ぶ』佛教大学歴史学部編・佛教大学刊　二〇一一年五月
第一章　通商条約の勅許と天皇　『佛教大学歴史学部論集』第五号　二〇一五年三月
第二章　功山寺挙兵と高杉晋作
『歴史読本―長州vs徳川幕府―』二〇一五年三月　KADOKAWA
第三章　佐幕か、倒幕か。幕末各藩の動向
『歴史読本―三百藩を揺るがした幕末事件録―』二〇一四年九月　KADOKAWA
第四章　世界が注目した内戦の行方―国際社会と戊辰戦争―
『歴史読本―世界のなかの江戸JAPAN―』二〇一〇年十一月　新人物往来社

第五章　将軍継嗣問題の実情―十三代将軍家定―
第六章　江戸無血開城の真相―天璋院篤姫―
　ともに、歴史群像シリーズ『篤姫と大奥』二〇〇七年十二月　学習研究社
第七章　薩長同盟と龍馬の役割
『別冊歴史読本27―坂本龍馬歴史大事典―』二〇〇八年十一月　新人物往来社
第八章「竜馬」を史料学の視点から見てみよう
『歴史地理教育』二〇一四年六月　歴史教育者協議会編集・発売
第九章　時代を動かした「志士」たちの明と暗
『歴史読本―時代を変えた幕末英雄と組織―』二〇一一年六月　新人物往来社
第十章　見えない天皇から見える天皇へ―東京遷都・巡幸・肖像写真―
『歴史読本―明治天皇百年目の実像―』二〇一二年十二月　新人物往来社
第十一章　大老・井伊直弼の政治手腕と人物像に迫る
『歴史人―幕末維新の真実―』№13　二〇一一年十月　ＫＫベストセラーズ
第十二章　横井小楠
第十三章　大村益次郎
　ともに、『歴史人―幕末維新の暗殺史―』№31　二〇一三年四月　ＫＫベストセラーズ
第十四章　中央集権国家の確立―御一新の明暗と維新政権の成立―

第十五章　東アジアとの確執と訣別―欧州に範をとった近代国家への道―
第十六章　明治憲法体制の成立―自由民権運動と大日本帝国憲法―
ともに、歴史群像シリーズ『大日本帝国の興亡―建国と建軍―』1　二〇一一年八月
学研パブリッシング

元の掲載誌は、学術雑誌であったり、一般読者向けの商業誌であったり、まちまちのように見えるが、筆者としての関心は一定しているし、学術的な価値はともあれ、文章としてのレベルは統一されているので、こうして並べて読んでも、さほど違和感は覚えないと思う。

こう書くと、如何にも自画自賛のようで、多少気が引けるが、右で言う「関心」とは、十九世紀半ばの事象を見るのに、近現代の言語的あるいは文化的な前提を踏まえていてはいけない、ということである。

その典型が、第七章の「薩長同盟」の話題で、慶応二年(一八六六)当時、毛利家父子が官位停止の沙汰にあっていて、公的な政治というシステムに参加できなくなっている、その復旧が長州にとって最優先事項なのだ、ということを、私は二〇〇〇年に出した著書以来、明確に主張しているのだが、諸研究でもほとんど言及されたことがない。武家の官位など、ただのステイタスに過ぎず、停止されたとしても大した問題ではない、という感覚らしい。

近現代人の常識から見れば、その通りであろう。それは、十九世紀半ばの人間に向かって、システ

ムにログインするためには、アカウントとパスワードが必要で、それを無くすと大変なのだ、ということを理解させるのが不可能であるのと、裏返しの意味で同様である。失われてしまった文化的な前提は、未成立のそれと、同じ意味において理解不能である。

その前提を復元しながら、あわせて、昭和戦前期の国家が、自らの正統性を主張するために創作した物語を修正しながら、明治維新を読みなおすこと、それが当面の課題と思いつつ、いつの間にか三十数年が過ぎた。本書は、そのような意味での著者の苦闘の産物だが、文章を読みやすく、ということだけは常に心掛けている。どうぞ気軽に読んで頂き、少しでも歴史学の世界に深く触れるきっかけとなれば、著者として、これに勝る喜びはない。

なお、最後になったが、本書刊行のお声がけを下さった清文堂出版の前田博雄社長、煩瑣な編集実務にあたった編集部の松田良弘氏、それに高杉晋作銅像の撮影写真(図5)を提供してくれた土田容子さん(佛教大学学生)、さらには転載の御許可をいただいた元の掲載誌の関係者各位に、厚くお礼を申し上げる。なお、いつもながら著者の研究生活を支えてくれている妻、登美子にも謝意を表する。

二〇一六年九月七日

著者

青山《あおやま》 忠正《ただまさ》
［略　　歴］
1950年　東京都に生まれる
1976年　東北大学文学部卒業、同大学大学院文学研究科博士課程修了後、
東北大学助手、大阪商業大学講師、助教授、佛教大学総合研究所
助教授、教授、文学部教授を経て、
現　在　佛教大学歴史学部教授・博士（文学・東北大学）
［主要著書］
『幕末維新　奔流の時代』（文英堂、1996年）
『明治維新と国家形成』（吉川弘文館、2000年）
『明治維新の言語と史料』（清文堂出版、2006年）
『幕末維新の個性7　高杉晋作と奇兵隊』（吉川弘文館、2007年）
『佛教大学鷹陵文化叢書18　明治維新史という冒険』（思文閣出版、2008年）
『日本近世の歴史6　明治維新』（吉川弘文館、2012年）

明治維新を読みなおす
―同時代の視点から―
2017年2月13日　第一刷発行
2020年4月7日　第三刷発行
著　者　青山忠正©
発行者　前田博雄
発行所　清文堂出版株式会社
〒542－0082　大阪市中央区島之内2－8－5
電話06－6211－6265　FAX06－6211－6492
振替00950－6－6238
http://www.seibundo-pb.co.jp
メール：seibundo@triton.ocn.ne.jp
印刷：亜細亜印刷　　製本：渋谷文泉閣
ISBN978－4－7924－1066－7　C0021